Untersuchungen
zur deutschen
Literaturgeschichte
Band 15

Klaus Harro Hilzinger

Die Dramaturgie des dokumentarischen Theaters

Max Niemeyer Verlag
Tübingen 1976

Die vorliegende Arbeit wurde im Sommersemester 1975 vom Fachbereich
Neuphilologie der Universität Tübingen als Dissertation angenommen.

CIP-Kurztitelaufnahme der Deutschen Bibliothek

Hilzinger , Klaus Harro
Die Dramaturgie des dokumentarischen Theaters. – 1. Aufl. – Tübingen:
Niemeyer, 1976.
    (Untersuchungen zur deutschen Literaturgeschichte ; Bd. 15)
    ISBN 3-484-10256-x

ISBN 3-484-10256-x

Inhaltsverzeichnis

I. Ausgangspunkte 1

II. Illusion und Verfremdung 12

   1. Nach Piscator und Brecht:
     Heinar Kipphardt 16
     a) »Der Hund des Generals« 16
     b) »In der Sache J. Robert Oppenheimer« 20
     c) »Joel Brand. Die Geschichte eines Geschäfts« 25

   2. Dokumentarischer Naturalismus:
     Rolf Hochhuth 28
     a) »Der Stellvertreter« 31
     b) »Soldaten« 39
     c) »Guerillas« 45
     d) Die Einheitlichkeit von Hochhuths dramatischem Werk . . 47

   3. Montage des Zitats:
     Peter Weiss 51
     a) »Die Ermittlung« 53
     b) »Gesang vom Lusitanischen Popanz« und »Viet Nam Diskurs« 58
     c) »Trotzki im Exil« 62

III. Geschichte und Modell 65

   1. Kontinuität und Wandel der Geschichte:
     Heinar Kipphardt,
     »In der Sache J. Robert Oppenheimer« 70

   2. Tragische Weltgeschichte und das moralische Individuum:
     Rolf Hochhuth 76
     a) »Der Stellvertreter« 76
     b) »Soldaten« 81
     c) »Guerillas« 85

   3. Der gegenwärtige Prozeß:
     Peter Weiss 89
     a) »Die Ermittlung« 89
     b) »Gesang vom Lusitanischen Popanz« und »Viet Nam Diskurs« 99
     c) »Trotzki im Exil« 110

IV. Realität und Fiktion 117

    1. Theatralisierung des Dokuments?
       Tankred Dorst, »Toller« 121

    2. Überwindung des Ästhetischen?
       Hans Magnus Enzensberger, »Das Verhör von Habana« 131

V. Ausblick 138

    Literaturverzeichnis 150

I. Ausgangspunkte

Eine erneute Reflexion auf die ästhetische Problematik des dokumentarischen Theaters sieht sich durch die Zwiespältigkeit bisheriger Kritik herausgefordert. Von den punktuell ansetzenden ersten Rezensionen bis zu den wenigen literaturgeschichtlich orientierten Versuchen einer zusammenfassenden Wertung lassen die erreichten Ergebnisse sich fast immer dahingehend abstrahieren, daß für die gesellschaftliche Begründung und Zielsetzung des dokumentarischen als spezifisch politischen Theaters Verständnis bezeugt, den einzelnen Werken aber ästhetische Gültigkeit abgesprochen wird.[1] Tendenziell zeichnet sich hier eine Spaltung von historischer und ästhetischer Argumentation ab, die nicht zulässig ist, wenn irgend dokumentarisches Theater als ästhetische Struktur begriffen werden soll. Dieses für die Hermeneutik der Interpretation unumgängliche ›Vorurteil‹ bedeutet keine Vorwegnahme eines noch ungesicherten Ergebnisses, da die Möglichkeit seiner Revision gegeben bleibt; es verbietet lediglich, den Gehalt dokumentarischer Stücke auf ihren Inhalt und die Intention des Autors zu reduzieren und die dramatische Form als bloßes Transportmittel abzutun. Positive Aufnahme eines Stofflich-Inhaltlichen ist nicht möglich, wenn gleichzeitig die Form – die in solcher Isoliertheit freilich nur ein Geschichte und Ästhetik trennender Ansatz sehen kann – als mißlungen oder unangemessen kritisiert wird. Bedeutung der Literatur als Kunst konstituiert sich in der ästhetischen Struktur; diese wiederum muß begriffen werden im Schnittpunkt von literarischer Tradition, je gegenwärtigem gesellschaftlichem Kontext und Subjektivität des Autors. Ein solcher Interpretationsansatz führt keineswegs zur Neutralisierung des ästhetischen Urteils, doch kann ästhetische Wertung nur auf geschichtlicher

---

[1] Auf die wichtigen Arbeiten wird jeweils im Zusammenhang der Argumentation einzugehen sein.

Grundlage und nicht allein nach Kriterien einer immanenten Stimmigkeit erfolgen.

Die Gesamtheit des dokumentarischen Theaters wird von dieser Supposition des ästhetischen Charakters möglicherweise nicht erfaßt, bedeutet es doch den Versuch, die mit der bürgerlichen Tradition gesetzten Grenzen des Ästhetischen zu erweitern, neu zu bestimmen oder zu überwinden – so dient die Untersuchung des Kunstcharakters nicht allein der Differenzierung und adäquaten Begründung des interpretatorischen Befundes, sondern ebenso auch der Prüfung und Kritik der eigenen Voraussetzungen.

Der inzwischen gegebene, wenn auch geringe, historische Abstand – die Dominanz des dokumentarischen Theaters in der Dramatik der Bundesrepublik beschränkt sich auf die sechziger Jahre – ermöglicht nicht nur mehr als zuvor die Wertung in der vergleichenden Zusammenschau, er mindert auch die unmittelbare Aktualität der Werke und läßt Momente eines geschichtlichen Wahrheitsgehaltes erkennen, der über die Zeitgebundenheit des Stofflichen hinausreicht. Ebenso kann sich aber in der Distanz erweisen, daß die Gültigkeit eines dokumentarischen Stückes nur einmalig in seiner Zeitgebundenheit bestand – woraus nicht vorschnell eine negative Kritik zu folgern ist, sondern vorgängig eine Reflexion auf die gesellschaftlichen Produktionsbedingungen, die eine solche spezifische Abweichung vom geübten Verständnis des Ästhetischen ursächlich bestimmen. Unberührt von dieser Möglichkeit bleibt jene Interpretationsweise bestehen, »die nicht mit äußerlichen Zuordnungen sich begnügt; nicht damit, zu fragen, wie die Kunst in der Gesellschaft steht, wie sie in ihr wirkt, sondern die erkennen will, wie Gesellschaft in den Kunstwerken sich objektiviert«.[2]

---

[2] Theodor W. Adorno, Thesen zur Kunstsoziologie, in: Th. W. A., Ohne Leitbild. Parva Aesthetica, Frankfurt am Main 1967 (= edition suhrkamp 201), S. 94–103; Zitat S. 102. – Bei dieser Scheidung von positivistischer und dialektischer Analyse ist an Walter Benjamins Formulierung des Postulats zu erinnern: »Also ehe ich frage: wie steht eine Dichtung *zu* den Produktionsverhältnissen der Epoche? möchte ich fragen: wie steht sie *in* ihnen? Diese Frage zielt unmittelbar auf die Funktion, die das Werk innerhalb der schriftstellerischen Produktionsverhältnisse einer Zeit hat. Sie zielt mit anderen Worten unmittelbar auf die schriftstellerische *Technik* der Werke.« (Walter Benjamin, Der Autor als Produzent, in: W. B., Versuche über Brecht, hg. von Rolf Tiedemann, Frankfurt am Main 1966 [= edition suhrkamp 172], S. 95–116; Zitat S. 98)

Auch wenn das dokumentarische Theater den konkreten Stoff zu einem wichtigen Strukturelement erhebt, gilt, wo der mögliche Sinn jeder ästhetischen Vermittlung nicht verfehlt werden soll, ohne entscheidende Modifizierung als Bestimmung der ästhetischen Bedeutung: »Gesellschaftlich entscheidet an den Kunstwerken, was an Inhalt aus ihren Formstrukturen spricht.«[3]

Der hier verfolgte Ansatz zielt demnach auf eine Untersuchung der grundsätzlichen strukturellen Möglichkeiten dokumentarischen Theaters und auf Ergebnisse, die Abstraktion vom einzelnen literarischen Beispiel erlauben. Diese Abstraktion ist freilich nicht als phänomenologische Typologie mißzuverstehen; sie bleibt von ihrer Ableitung und Begründung her geschichtlich gebunden und hat auch in der Lösung vom realisierten Werk Gültigkeit nur für einen zu bestimmenden geschichtlichen Kontext. Wo sie diesen überschreitet, ist ihre jeweilige Relativität zu kennzeichnen. So beschränkt sich diese Untersuchung ausschließlich auf dokumentarische Theaterstücke, die in der Bundesrepublik entstanden oder zur Wirkung gekommen sind, da ästhetische Problematik nicht anders als im geschichtlich-gesellschaftlichen Bezug zu erläutern ist. Andererseits wird nicht äußere Vollständigkeit im Beschreiben der historischen Erscheinungsformen angestrebt. Wenige Beispiele dienen als Grundlage der Diskussion, die in der Kritik der realisierten Formen die mögliche Reichweite und die wahrscheinlichen Grenzen des dokumentarischen Theaters reflektiert. Die textnahe Analyse erarbeitet so auch nicht umfassende Interpretationen einzelner Werke, sondern die Demonstration verschiedener ästhetischer Lösungsversuche, deren Scheitern oder Gelingen wiederum exemplarisch die allgemeinen strukturellen Probleme hervorhebt.[4]

---

[3] Theodor W. Adorno, Ästhetische Theorie, hg. von Gretel Adorno und Rolf Tiedemann, Frankfurt am Main 1970 (= Gesammelte Schriften 7), S. 342.
[4] Keine Hilfe bietet hier Axel Hübler, Drama in der Vermittlung von Handlung, Sprache und Szene. Eine repräsentative Untersuchung an Theaterstücken der 5oer und 6oer Jahre, Bonn 1973 (= Abhandlungen zur Kunst-, Musik- und Literaturwissenschaft). – Die Untersuchung beschränkt sich auf die detaillierte äußerliche Beschreibung der verschiedensten (nach Themenbereichen zusammengestellten) Stücke, ohne je einmal historische Vergleiche oder Einordnungen zu wagen. Der Verfasser betont selbst die Absicht, »in scheinbar naiver Weise stückimmanent und komparatistisch

Die Auswahl der Beispiele setzt freilich eine Vorentscheidung über konstitutive Strukturmerkmale der ›Gattung‹ voraus. Irgendeine Definition, die hinreichende und ausschließliche Bedingungen formulierte, kann jedoch nicht am Anfang, noch soll sie am Ende stehen. Die Ablehnung einer allgemein gültigen klassifizierenden Typologie folgt nicht nur aus dem historisch-hermeneutischen Verfahren; sie hat für das dokumentarische Theater ihre besondere Begründung darin, daß dieses sich immer nur als widersprüchlich gespannte Einheit von historischem Dokument und ästhetischer Umsetzung realisieren läßt und keine Verbindlichkeit der gelungenen Lösung kennt. Wenn in einer weitgefaßten Grenzziehung das dokumentarische Theater bestimmt wird durch die – hier vorerst nur stofflich verstandene – Einbeziehung dokumentarischen Materials als wesentlichen und nicht nebensächlichen Aufbauelements, so richtet sich die weitere Auswahl in historischer Orientierung nach den Gegebenheiten der realen Rezeption, um auch diese selbst wieder kritisch korrigieren zu können.

Heinar Kipphardt, Rolf Hochhuth und Peter Weiss werden in den sechziger Jahren allgemein als wichtigste Vertreter des dokumentarischen Theaters genannt;[5] ihre dokumentarischen Werke bilden die

---

vorzugehen, ohne die Stückgruppen selbst kontextual, also von den gegebenen Formmöglichkeiten des Dramas her, zu reflektieren und zu relativieren.« (S. 162)

[5] Vgl. als wichtigste Überblicksdarstellungen Rolf-Peter Carl, Dokumentarisches Theater, in: Die deutsche Literatur der Gegenwart. Aspekte und Tendenzen, hg. von Manfred Durzak, Stuttgart 1971, S. 99–127; Jack D. Zipes, Das dokumentarische Drama, in: Tendenzen der deutschen Literatur seit 1945, hg. von Thomas Koebner, Stuttgart 1971 (= Kröners Taschenausgabe 405), S. 462–479. – Eine entschiedene Absetzung der Werke Hochhuths vom dokumentarischen Theater findet sich dagegen in der Zusammenfassung von Walter Hinck, Das moderne Drama in Deutschland. Vom expressionistischen zum dokumentarischen Theater, Göttingen 1973, S. 199–214 (vgl. auch die frühere Fassung: W. H., Von Brecht zu Handke. Deutsche Dramatik der sechziger Jahre, Universitas 24 [1969], S. 689–701). – Ohne Bedeutung ist hier der Aufsatz von Marjorie L. Hoover, Revolution und Ritual. Das deutsche Drama der sechziger Jahre, in: Revolte und Experiment. Die Literatur der sechziger Jahre in Ost und West. Fünftes Amherster Kolloquium zur modernen deutschen Literatur. 1971, hg. von Wolfgang Paulsen, Heidelberg 1972, S. 73–97: »Das Dokumentarstück hat technisch wirklich nichts Neues zu bieten; es geht vielmehr auf die Lehrabsicht sogar mittelalterlicher ›Moralitäten‹ zurück« (S. 77).

Textgrundlage auch dieser Untersuchung. Da sie bereits eine strukturelle Vielfalt aufweisen, die an Grenzen des Dokumentarischen wie Ästhetischen stößt und die Subsumtion unter einen Begriff zweifelhaft erscheinen läßt, wird es sich als weniger wichtig herausstellen, noch andere Stücke, deren Zuordnung von vornherein ungewiß ist, nach ihrem dokumentarischen oder nicht-dokumentarischen Charakter bestimmen zu wollen. Die hier versuchte Interpretation soll in der Abstraktion von der konkreten Ausführung zum Kommentar auch nicht ausführlich behandelter Stücke werden. Lediglich um das Spektrum der im historischen Zeitraum gegebenen strukturellen Möglichkeiten zu bestätigen und auch die Extreme mit einzelnen Beispielen abzudecken, treten zu den Stücken von Kipphardt, Hochhuth und Weiss, die unterschiedliche Tendenzen dokumentarischer Dramaturgie verdeutlichen, noch Stücke von Hans Magnus Enzensberger und Tankred Dorst. Für das »Verhör von Habana« leugnet der Autor jeglichen ästhetischen Charakter, in dem Stück »Toller« scheint der dokumentarische Gehalt durch eine offen gesteigerte Theatralisierung des Dokuments gänzlich entwertet zu sein. Daß die Selbsteinschätzung und die neben dem Werk geäußerte Intention der Autoren keine richtungweisende Funktion bei der Interpretation übernehmen, sondern allenfalls mit zu deren Objekt werden können, ist hier vorauszusetzen; unterordnende Berücksichtigung verlangen sie in Anbetracht der geringen historischen Distanz und des offenen Engagements im dokumentarischen Theater. »Die gesellschaftlichen Standpunkte der Künstler mögen ihre Funktion beim Einbruch ins konformierende Bewußtsein haben, in der Entfaltung der Werke treten sie zurück.«[6]

Untersuchungskategorien, die geeignet sind, die politische als ästhetische Bedeutung des dokumentarischen Theaters darzustellen, können sich an die bisherige Kritik anschließen, wenn deren negativer Befund zum positiven Postulat gewendet wird, an dem sich die realisierten Formen messen lassen. In der Kritik von Martin Walser, der in seiner dramatischen Theorie und Praxis eine bedeutende Gegenposition zum dokumentarischen Theater aufbaut, sind die entscheidenden Aspekte vieler ähnlicher Argumentationsgänge derart konzentriert und begrifflich gefaßt, daß sie in der beschriebenen Weise auch hier

---

[6] Theodor W. Adorno, Ästhetische Theorie, S. 345.

zum Ausgangspunkt genommen werden können. Walser gelangt während der sechziger Jahre über die noch tastenden Umschreibungen ›exaktes Theater‹[7] und ›Realismus X‹[8] zum Postulat eines ›Bewußtseinstheaters‹,[9] das als Gegensatz zum dokumentarischen Theater zu verstehen ist. Von dieser Position aus (deren Begründung und Berechtigung hier nicht im einzelnen untersucht werden können) lautet die Kritik an den Tendenzen der zeitgenössischen dramatischen Produktion: »das Theater ist mehr denn je im Abbildungsdienst. Dokumentartheater ist Illusionstheater, täuscht Wirklichkeit vor mit dem Material der Kunst. 〈...〉 Kipphardt, Weiss, Hochhuth 〈...〉 bringen also den wirklichen Prozeß fast getreu und möglichst entblößt auf die Bühne. Sie verfertigen genaue Imitationen, gebrauchen die Bühne als Transportmittel; 〈...〉 Diese neueste, nicht mehr auf Kunst an sich bestehende Praxis hat, glaube ich, den lächerlichen Unterschied zwischen Kunst und Realität nur zum Schein überwunden. Diese Darstellungen laufen hinter der Realität her, ohne je in ihre Nähe kommen zu können. Die Bühne wird zwar hergerichtet wie das Lokal, in dem die Handlung einmal wirklich passierte, aber diese gewaltige Bemühung um Imitation läßt keine Sekunde vergessen, daß wir es mit einem harmlosen Abbild der Realität zu tun haben.[10]

Daß Walser den Unterschied zwischen Kunst und Realität als lächerlich zu bezeichnen vermag, ist als polemische Reaktion auf die

---

[7] Martin Walser, Vom erwarteten Theater, in: M. W., Erfahrungen und Leseerfahrungen, Frankfurt am Main 1965 (= edition suhrkamp 109), S. 59–65. – Der Begriff »exaktes Theater« (S. 62) zielt in diesem 1962 geschriebenen Aufsatz auf die konstruierte Fabel, durch die Zeitgeschichte ästhetisch verdeutlicht wird; gegenübergestellt wird er den »elfenbeinernen Einaktern« (S. 64) wie dem »Leitartikelrealismus« (S. 64).

[8] Martin Walser, Imitation oder Realismus, in: W. M., Erfahrungen und Leseerfahrungen, S. 66–93; vgl. besonders S. 83–93. – Auch dieser 1964 gewählte Begriff ist, wie schon die Beispiele Beckett, Adamov und Ionesco zeigen, als Gegenposition zur »Oberflächenähnlichkeit« (S. 92) verstanden; Realismus in der Kunst meint »das Verhältnis des Anschauenden zu seinem Gegenstand« (S. 92).

[9] Martin Walser, Ein weiterer Tagtraum vom Theater, in: M. W., Heimatkunde. Aufsätze und Reden, Frankfurt am Main 1968 (= edition suhrkamp 269), S. 71–85. – Hier ist 1967 der Begriff gefunden für die Konstituierung einer Bühnenwirklichkeit ohne jenen Imitationscharakter, der die Trennung von Kunst und Wirklichkeit reproduziert.

[10] Martin Walser, Ein weiterer Tagtraum vom Theater, S. 75f.

Ambivalenz jener Autonomie zu verstehen, die bürgerliche Kunst als oppositionellen Freiraum und zugleich als affirmativen Fluchtraum ausbildete. Gerade der Imitationscharakter des dokumentarischen Theaters (und nach Walser auch des Parabeltheaters) bestätigt in dieser dialektischen Argumentation die Trennung von Kunst und Wirklichkeit und verhindert damit eine produktive kritische Erkenntnis, die sich in der Totalität des Wirklichen vollzieht. Konsequent geht daraus für Walser die Bestimmung des ›Bewußtseinstheaters‹ als einer anderen Wirklichkeit ohne imitatorischen Bezug hervor, wo radikale Autonomie umschlagen soll in die bedrängende Erfahrung erlebter Realität.

Über Berechtigung und Reichweite dieser Kritik wird entscheiden, wie die einzelnen dokumentarischen Bühnenstücke ihren Imitationscharakter ausbilden. Von der illusionistischen Reproduktion der Oberflächenwirklichkeit bis zur immanenten Reflexion des ästhetischen Verfahrens reichen hier die Möglichkeiten, deren jeweilige strukturelle Realisierung und Erkenntnisleistung am Beispiel zu untersuchen sind. Daß die dokumentarischen Elemente als unmittelbar wiederzuerkennende Partikel der Wirklichkeit einen Versuch bedeuten, eben die von Walser angegriffene Grenze zwischen Kunst und Wirklichkeit in einer bestimmten, dialektisch zu relativierenden Weise aufzuheben, kann weder fraglos vorausgesetzt noch von vornherein ausgeschlossen werden. Realismus des Werkes entsteht sicher nicht in der dokumentarisch exakten Reproduktion, sondern nur dort, wo die Differenz der dramatischen Gestaltung zur Wirklichkeit als Voraussetzung möglicher ästhetischer Erkenntnis begriffen und in die Selbstreflexion des Werkes hineingenommen wird. Das Verhältnis von Fiktion und Realität, das den Realismus und Wert jeder Kunst bestimmt, bildet demnach für das dokumentarische Theater eine spezifische Fragestellung, weil dieses seine Bedeutung in der verstärkten Aufnahme außerkünstlerischer Realität gewinnt, andererseits aber durch die Ähnlichkeit des Abbilds nicht zur bloßen Verdoppelung und Wiederholung der Realität geraten darf.

Darauf zielt Walsers Einwand, dokumentarisches Theater könne als extreme Form des Abbildungstheaters die Realität nie erreichen und verfalle damit der Bedeutungslosigkeit. Dieses Argument enthüllt sich als zu kurzgreifend bereits durch die simplifizierende Fassung, die es in Walsers Theaterstudie gegen das Theater, »Wir werden schon noch handeln«, erhält: »Ein Dokumentarstück greift auf Dokumente, also auf Vergangenheit zurück«.[11] In der Tat wird dokumentarisches Theater sinnlos, wenn es sich auf das Nachspielen vergangener Geschehnisse beschränkt und Dokumente nur zitiert. Der Informationscharakter solcher Darstellungen kann unter bestimmten Bedingungen notwendiger und legitimer Bestandteil des Theaters sein,[12] Aussagen über bestehende Wirklichkeit aber werden dadurch nicht oder nur dann getroffen, wenn der Zuschauer allein die intendierte Vermittlung vollzieht. Der Gegenwartsbezug des Dargestellten muß durch die Form der Darstellung hervortreten, und dies nicht als Zugeständnis an die Relativität jeder Rezeption von Vergangenheit, sondern als Vollzug eines dialektischen Geschichtsverständnisses, das die Abhängigkeit der Gegenwart von der Vergangenheit erkennt und dieses Verhältnis in der Aktualisierung der Vergangenheit zur Kritik an der Gegenwart bewußt gestaltet. Als Postulate für die positiven Möglichkeiten dokumentarischen Theaters ergeben sich somit: die kritische Aufnahme und Aktualisierung des Vergangenen, die verallgemeinerungsfähige Darstellung des geschichtlichen Einzelfalls, die Formung und Funktionalisierung des abgebildeten oder zitierten Realitätsausschnitts zum Modell für Gegenwart und Zukunft.

In der strukturellen Realisierung erscheinen diese Wechselbeziehungen wesentlich als die (sich ergänzenden) Gegensätze von Illusion und Verfremdung. Illusion entsteht in der Eindimensionalität und Geschlossenheit der Darstellung, Verfremdung ist die ästhetische Voraus-

---

[11] Martin Walser, Gesammelte Stücke, Frankfurt am Main 1971 (= suhrkamp taschenbuch 6), S. 289.
[12] Mit dieser Begründung kann auch Martin Walser seine – politische, nicht ästhetische – Wertschätzung des dokumentarischen Theaters formulieren: »Gäbe es Filmaufnahmen von jener auf dem Theater imitierten Handlung, dann wären sie sicher informationsreicher und zuverlässiger. Aber da unser Kulturkreis erzogen ist, Theateraufführungen zu konsumieren als Abbilder des wirklichen Lebens, kann sicher aus solchem Ersatz ein nachhaltiger Eindruck entstehen. Das sage ich, weil ich die Autoren dieser Dokumentarstücke hochschätze und weil ich glaube, daß wir in einer Zeit leben, in der alles versucht werden muß. Angesichts der Berichtswillkür der großbürgerlichen Zeitung muß das Theater auch als Zeitung herhalten. Trotzdem meine ich, diese Dokumentarstücke und die Parabelstücke (der andere Zweig der Brechtnachfolge) führten auch zu einem Mißverständnis des Theaters; einem Mißverständnis allerdings, das politisch gerechtfertigt werden kann.« (Martin Walser, Ein weiterer Tagtraum vom Theater, S. 74f.)

setzung für die Öffnung des Geschehens und seine Einordnung und Transponierung in eine umfassendere Bedeutungsstruktur. Wenn so der kritische Gehalt mit dem Grad der Verfremdung steigt, liegt doch andererseits die Bedeutung und Wirkung des dokumentarischen Theaters mit in der Unmittelbarkeit der Fakten begründet – auch hier erscheint der konstitutive Widerspruch der Form, die in der Bindung ans Dokumentarische und zugleich in der Lösung vom Dokumentarischen einzig ihren Sinn entwickelt.

Gewonnen sind damit drei Paare von Untersuchungskategorien, die verschiedene Aspekte betreffen und doch in unlösbarem inneren Zusammenhang sich gegenseitig bedingen: Illusion und Verfremdung, Geschichte und Modell, Realität und Fiktion. Bevor sie in der Interpretation einzelner Werke Anwendung finden, werden sie in ihrer Begründung und Reichweite noch genauer zu erläutern sein.

Von ähnlicher Unbedingtheit wie die Kritik Martin Walsers sind die Einwände Peter Handkes, die alle Theaterformen betrifft, in denen auch politische Lösungsvorschläge Gegenstand der Darstellung werden können. Handke definiert das Theater ästhetisch als Spielraum und soziologisch als ›akzeptierten Widerspruchsort‹[13]: »das Theater als Bedeutungsraum ist dermaßen bestimmt, daß alles, was außerhalb des Theaters Ernsthaftigkeit, Anliegen, Eindeutigkeit, Finalität ist, *Spiel* wird – daß also Eindeutigkeit, Engagement etc. auf dem Theater eben durch den fatalen Spiel- und Bedeutungsraum rettungslos verspielt werden – wann wird man das endlich merken? Wann wird man die Verlogenheit, die ekelhafte Unwahrheit von Ernsthaftigkeiten in Spielräumen endlich erkennen?? ⟨...⟩ Jede Art von Botschaft oder sagen wir einfacher, jeder Lösungsvorschlag für vorher aufgezeigte Widersprüche, wird im Spielraum der Bühne *formalisiert*. Ein Sprechchor, der nicht auf der Straße, sondern auf dem Theater *wirken* will, ist Kitsch und Manier. Das Theater als gesellschaftliche Einrichtung scheint mir unbrauchbar für eine Änderung gesellschaftlicher Einrichtungen. Das Theater formalisiert jede Bewegung, jede Bedeutungslosigkeit, jedes Wort, jedes Schweigen: es taugt nicht zu Lösungsvorschlägen,

---

[13] Vgl. Peter Handke, Straßentheater und Theatertheater, in: P. H., Ich bin ein Bewohner des Elfenbeinturms, Frankfurt am Main 1972 (= suhrkamp taschenbuch 56), S. 51–55.

höchstens für Spiele mit Widersprüchen.«[14] Der Erkenntniswert dieser Kritik – Handke erläutert sie am Beispiel Brechts, sinngemäß findet sie sich in vielen Stellungnahmen zum dokumentarischen Theater – liegt in ihrer provozierenden Radikalität, nicht in einer wörtlich aufzunehmenden Gültigkeit. Sie geht einmal vom kategorialen Unterschied zwischen Bühnen- und Lebenswirklichkeit aus und folgert die Determination und Transformation alles Gezeigten durch den Bühnenraum, zum andern zielt sie systemkritisch auf die gegebenen Rezeptionsbedingungen und ist damit historisch revidierbar. Beide Aspekte müssen bei der Diskussion des dokumentarischen Theaters immer gegenwärtig bleiben, jedoch nicht als vorweggenommene Bestätigung seiner ästhetischen und gesellschaftlichen Unangemessenheit, sondern als Korrektiv vorschneller Übertragung von strukturellen Intentionen in rezeptionsästhetische Realität. Die Methode der hier versuchten Interpretation, welche die Werke als Objektivationen gesellschaftlichen Bewußtseins auffaßt, wird davon nicht entscheidend berührt. Das dokumentarische Theater ist, in Verbindung mit Handkes Kritik, auch als Reaktion auf die festgestellte Unverbindlichkeit des Kunstraums zu werten, und über die künstlerische Wahrheit vorgeführter oder verweigerter Lösungen kann nicht allgemein geurteilt werden, ohne die konkrete geschichtliche Stellung eines Werkes zu berücksichtigen. Vor allem aber wird hier keine empirische Rezeptionsgeschichte angestrebt, keine Literatursoziologie der äußeren Zuordnung und Faktizität von Werk und Wirkung, sondern die strukturanalytisch begründete Untersuchung der Potentialität, die in den Werken angelegt ist und sich in der Geschichte noch über deren Historizität hinaus entfalten kann.

Wenn der kritische Gehalt eines Werkes in der Gesellschaft neutralisiert wird, bezeichnet dies weniger die Mängel des Werkes als die der Gesellschaft. Gerade weil das dokumentarische Theater im politischen Engagement auf Wirkung zielt (ohne daß immer unmittelbar anwendbare Lösungen vorgeführt würden), muß die Untersuchung bei den strukturellen Grundlagen einer möglichen kritischen Wirkung ansetzen, nicht bei deren – ohnehin kaum feststellbaren – realen Ergebnissen. So verweist schließlich die scheinbare Absolutheit von Handkes und Walsers Kritik auf die Notwendigkeit eines Ansatzes, der mit der Ge-

---

[14] Peter Handke, Straßentheater und Theatertheater, S. 53.

schichtlichkeit seines Gegenstandes korrespondiert und in der Dialektik
von historischem und kritischem Interesse neben der Beschreibung des
Bestehenden auch die Reflexion des Möglichen einschließt. »Durch die
Kritik des Historischen wird die Fortschreibung in die Zukunft geleistet.«[15]

---

[15] Herbert Kraft, Die Geschichtlichkeit literarischer Texte. Eine Theorie der
Edition, Bebenhausen 1973, S. 29. – Was hier zur geschichtlichen Funktion
und Verfahrensweise historisch-kritischer Ausgaben gesagt ist, gilt in
vollem Umfang auch für die literaturwissenschaftliche Interpretation, ja
ist ursprünglich von ihr abgeleitet.

II. Illusion und Verfremdung

Durchgehender Illusionismus als historisch überholte Form dramatischer Präsentation gehört zu den meistgeäußerten Vorwürfen in der Diskussion um das dokumentarische Theater. Hiermit ist ein zentrales Problem angesprochen, da Abbildung der Wirklichkeit in der Erscheinungsform der Faktizität zu den Grundlagen dieses Theaters gehört. Der Anwendungsbereich und die Bedeutungsmöglichkeiten des Begriffs sind damit noch nicht hinreichend erklärt. Auf der Ebene der Dramaturgie entsteht Wirklichkeitsillusion durch die ›aristotelische‹ Absolutheit der Szene, die den episch vermittelten Bezug zum Zuschauer ausschließt; in der Geschichte der Literatur erfährt sie eine letzte Ausformung im veräußerlichten Positivismus der geschlossenen naturalistischen Bühne. Wird diese Szene vom dokumentarischen Theater mit Stoffen der Zeitgeschichte gefüllt, entsteht notwendig – und entgegen der wahrscheinlichen Intention der Autoren – eine Abgeschlossenheit der Vergangenheit, welche die Folgerung ermöglicht, es könne »von einem Versuch tatsächlicher Einwirkung auf gegenwärtige Zustände nur selten oder mit Einschränkung die Rede sein«.[1] Gewichtiger wird der Einwand, wenn neben der Fixierung auf vergangene Ereignisse die Fixierung auf die Oberflächenwirklichkeit schlechthin als der Illusionismus erkannt wird, der verändernde Wirkung durch neue Perspektiven ausschließt. So kritisiert Ernst Wendt die »Scheinwirklichkeiten jener Dokumentarstücke, die – sicher ungewollt – eine Sache bestätigen, indem sie sie lediglich in ihrer Faktizität und als eine vergangene darstellen«,[2] und, in späterer Ausweitung, »jenes Engagement,

---

[1] Rainer Taëni, Drama nach Brecht. Möglichkeiten heutiger Dramatik, Basel 1968 (= Theater unserer Zeit 9), S. 124.

[2] Ernst Wendt, Was da kommt, was schon ist: Gatti zum Beispiel, Akzente 13 (1966), S. 222–227; Zitat S. 224.

das sich – Oberflächenerscheinungen bekämpfend – in Wahrheit, ohne es zu wissen, an die Basis des von ihm Bekämpften klammert«.[3] Hier verschiebt sich bereits der Akzent der Kritik vom literarischen auf den gesellschaftlichen Illusionismus als Verblendungszusammenhang – beide sind freilich in dialektischer Verbindung zu sehen. Vorbild dieser Argumentation ist Adornos Ablehnung eines Realismus, »der, indem er die Fassade reproduziert, nur dieser bei ihrem Täuschungsgeschäfte hilft«,[4] und jener »Abbilder einer Realität, welche diese durch ihre Abbildlichkeit bereits sänftigen«.[5]

Wenn das dokumentarische Theater solche Verdikte nicht nur bestätigen soll, darf es nicht hinter den mit Brecht erreichten Stand der Entwicklung zurückfallen. Illusion, die als künstlerisches Verfahren die Betrachtung gesellschaftlicher Verhältnisse umfaßt und – je nach dem Kontext – im Detail des Bühnenbildes noch die Ideologie unbefragter Wirklichkeit ausdrückt, fordert eine Verfremdung, deren Reichweite sich ebenso umfassend bestimmen läßt: Die Verfremdung des Abbilds bedeutet Verfremdung der Wirklichkeit als Eröffnung des dialektischen Erkenntnisprozesses und als Fortführung der realen geschichtlichen Dialektik.[6] Die Ambivalenz des Faktenmaterials im doku-

---

[3] Ernst Wendt, Moderne Dramaturgie, Frankfurt am Main 1974 (= suhr-kamp taschenbuch 149), S. 76.

[4] Theodor W. Adorno, Noten zur Literatur I, Frankfurt am Main 1958 (= Bibliothek Suhrkamp 47), S. 64.

[5] Theodor W. Adorno, Noten zur Literatur IV, Frankfurt am Main 1974 (= Bibliothek Suhrkamp 395), S. 142. – Eine undifferenziert negative Kritik des dokumentarischen Theaters formuliert von dieser Position aus Claus-Henning Bachmann, Theater als Gegenbild, Literatur und Kritik (1969), S. 530–551: »Die Dämonisierung der Tatsachen fand ihr Wirkungsfeld in den sogenannten ›Dokumentarstücken‹, über welche die Zeit indes hinweggeschritten zu sein scheint.« (S. 545)

[6] Jan Knopf argumentiert in seiner bedeutenden Brecht-Interpretation zu Recht gegen das Verständnis der Verfremdung als eines bloßen Kunstmittels, das in den verschiedensten Zusammenhängen Verwendung finden könnte. Wenn er freilich den Begriff am besten auf Brechts Werk eingeschränkt sehen möchte, ist ihm kaum zu folgen: Verfremdung wird in der Moderne zum Signum aller gesellschaftlich wahren Kunst, auch wenn sie nicht bewußt dialektisch-materialistisch begründet ist. Die Anwendung des Begriffs über Brecht hinaus ist legitimiert, wenn die Bedeutungs-implikationen im je konkreten Fall genannt werden. – Vgl. Jan Knopf, Bertolt Brecht. Ein kritischer Forschungsbericht. Fragwürdiges in der Brecht-Forschung, Frankfurt am Main 1974 (= Fischer Athenäum Taschen-bücher 2028), S. 15–60.

13

mentarischen Theater als konstitutiven und doch relativen Struktur-
elements zieht die Verschränkung von Illusion und Verfremdung wie
auch das Wechselspiel von Konkretion und Abstraktion nach sich. Die
unmittelbare Konfrontation mit den Fakten der historischen Wirklichkeit dient auch in illusionistischer Präsentation der Entwicklung politischer Bedeutung; bleibt jedoch der Illusionismus beherrschendes Bau-
prinzip, spiegelt er nichts als die Ohnmacht gegenüber den bestehenden
Verhältnissen, die Unfähigkeit zur Analyse und zu einer Gegenposition, die Veränderung herausfordert. Verfremdung, vom illusions-
zerstörenden Detail des Bühnenvorgangs bis zur umfassenden Transponierung alles Gezeigten, hebt dagegen die Geschlossenheit der
Illusion, die mit der Anpassung und Identifikation des Zuschauers
zusammengeht, auf und macht die hinter der Oberfläche wirkenden
Zusammenhänge sichtbar. Verfremdung schafft die Möglichkeit, die
Realität abzubilden, ohne sie gleichzeitig zu bestätigen, in der Reproduktion der bekannten Welt das noch Unerkannte darzustellen, die
Verdeutlichung des Bestehenden und seine Kritik vom Möglichen und
Zukünftigen her in der Einheit von Abbild und Vorbild zu verbinden.
Wo durchgehende Illusion das Abbild für absolut erklärt, relativiert
es Verfremdung und verweist den Zuschauer damit auf das Abgebil-
dete als Gemeintes.

Wenn im folgenden Illusion und Verfremdung in verschiedenen
Ausprägungen des dokumentarischen Theaters noch vor dem Modellcharakter dieser Stücke untersucht werden, soll damit nicht eine falsche
Trennung von Form und Inhalt wieder eingeführt werden – im
Gegenteil: indem die genaue Analyse der szenischen Präsentation als
ästhetischer Vermittlung solche Betonung erfährt, wird hervorgehoben,
daß an dieser Vermittlung, nicht an inhaltlich vorgetragener politischer
Programmatik, sich die Bedeutung auch des dokumentarischen Theaters
entscheidet. »Der gedankliche Gehalt des Kunstwerkes ist eine Struktur. Die Idee ist in der Kunst immer ein Modell, denn sie reproduziert
ein Bild von der Wirklichkeit. Folglich ist die künstlerische Idee außerhalb dieser Struktur undenkbar. Der Dualismus von Form und Inhalt
muß ersetzt werden durch den Begriff der sich in einer adäquaten Struktur realisierenden und außerhalb dieser Struktur nicht existenten Idee.«[7]

---

[7] Jurij M. Lotman, Die Struktur des künstlerischen Textes, hg. von Rainer
Grübel, Frankfurt am Main 1973 (= edition suhrkamp 582), S. 27.

Im Kapitel ›Geschichte und Modell‹, das die Interpretation fortführt, wird in Verbindung mit dem bearbeiteten geschichtlichen Material zu zeigen sein, wie die Dramaturgie bereits die Richtung des möglichen Gehalts bestimmt, wie die Tendenzen des Werkes sich zur künstlerischen Einheit auch der Widersprüche zusammenschließen oder aber im Mißlingen unverbunden auseinanderstreben.

1. Nach Piscator und Brecht: Heinar Kipphardt

a) »Der Hund des Generals«

An Kipphardts bedeutendstem Beitrag zum dokumentarischen Theater, dem (zuerst in einer Fernsehfassung vorgelegten[1]) Stück »In der Sache J. Robert Oppenheimer«, lassen sich ästhetische Formen der illusionistischen Vergegenwärtigung und der verfremdenden Distanzierung exemplarisch nachweisen. Zur genaueren Bestimmung und historischen Einordnung der in diesem Werk realisierten Möglichkeiten ist ein Rückgriff auf jene Stücke Kipphardts dienlich, die, vor und nach dem »Oppenheimer« entstanden, unter dem Aspekt der dokumentarischen Präsentation miteinander verglichen werden können, auf die Stücke »Der Hund des Generals« und »Joel Brand. Die Geschichte eines Geschäfts«. »Der Hund des Generals«[2] ist zwar nicht als dokumentarisches Theaterstück anzusehen, da hier – bei genauer historischer Fixierung des Hintergrunds – noch eine durchweg fiktive Fabel zugrundeliegt, doch läßt sich an diesem Stück belegen, wie die Tendenz zum Dokumentarischen im Stil der Piscator-Bühne sich mit formalen Errungenschaften des Brecht-Theaters verbindet.[3] Die in der Nachfolge

[1] Heinar Kipphardt, In der Sache J. Robert Oppenheimer, Frankfurt am Main 1964 (= edition suhrkamp 64). Das 1.–50. Tausend dieser Ausgabe stützt sich auf den Text des Fernsehspiels, vom 51. Tausend an enthält sie den Text des Schauspiels.

[2] Heinar Kipphardt, Der Hund des Generals, Frankfurt am Main 1963 (= edition suhrkamp 14). Alle Zitate im folgenden nach dieser Ausgabe.

[3] Nur wenige Hinweise zur komplexen Struktur des Stückes enthält die ausführliche Interpretation bei Sigrid Ammer, Das deutschsprachige Zeitstück der Gegenwart unter besonderer Berücksichtigung der Nachkriegsdramatik, Diss. Köln 1966, S. 106–117. Das nur inhaltliche Interesse macht die Untersuchung insgesamt unergiebig für die hier verfolgten Pro-

Brechts konzipierte Bühnengestaltung – ihre Elemente kehren in der Dramaturgie des »Oppenheimer« wieder – trägt in Einzelheiten fast zitathaften Charakter und ist als unmittelbare Anleihe deutlich greifbar.[4]

Die ausführliche Beschreibung des Bühnenraums betont von Beginn an den Spiel- und Zeigecharakter des szenischen Vorgangs: »Die Bühne ist offen und leer. Arbeitslicht.« (S. 7) Hinter drei »Spielflächen«, welche die szenische Entsprechung zu der räumlichen und zeitlichen Mehrschichtigkeit des Stückes bilden, können aufrollbare Leinwände aufgezogen werden, die der Projektion von »Fotos und Dokumenten« dienen (S. 7). Das dokumentarische Element findet sich hier demnach als visuelle Ergänzung, welche die Handlung in ihrer historischen Konkretheit fixieren hilft und Hinweise auf den bedingenden Hintergrund des zur Verhandlung stehenden Einzelfalls gibt – ähnlich wie in jenen Inszenierungen Piscators, in denen, aus Mangel an dokumentarisch gearbeiteten Vorlagen, nicht-dokumentarische Bühnentexte durch die Unterlegung mit Film- und Fotoprojektionen dokumentarisch aufgearbeitet wurden.[5]

---

bleme. Zur Methode heißt es: »Der Terminus ›Zeitstück‹ selbst verweist ja auf ein Inhaltliches, und die Untersuchung hat ergeben, daß für das Zeitstück keine besondere Form entwickelt worden ist. Trotzdem wird, wo nötig, auf die Form eingegangen. Das heißt aber, daß wir in diesem Zusammenhang dem ethischen Impuls den Vorrang vor dem ästhetischen geben. So steht auch nicht die Frage nach der Qualität der Stücke im Vordergrund, sondern eher die nach ihrer ethischen Funktion.« (S. 6) – Noch deutlicher steht an anderer Stelle das Begnügen »mit einer genauen Betrachtung seiner ⟨des Zeitstücks⟩ speziellen inhaltlichen Merkmale und den Inhalt konstruierenden Faktoren. ⟨...⟩ Auch sollen nicht die inneren Gesetze und Aufbauformen untersucht werden, sondern die behandelten Problemstellungen unserer Zeit.« (S. 36)

[4] Der einzelne Nachweis der Parallelen zu Brechts Theorie und Praxis des epischen Theaters erübrigt sich in Anbetracht eben dieser Deutlichkeit. Wichtiger ist die Untersuchung, in welcher Weise die formalen Übernahmen funktionalisiert werden.

[5] Vgl. dazu vor allem Piscators Selbstdarstellung: Erwin Piscator, Das politische Theater, Berlin 1929; neubearbeitet von Felix Gasbarra, Reinbek bei Hamburg 1963 (= Rowohlt Paperback 11). – Als Korrektur zu dessen Rechtfertigungstendenzen: C. D. Innes, Erwin Piscator's Political Theatre. The development of modern German drama, Cambridge 1974. – Als Materialsammlung ferner: Friedrich Wolfgang Knellessen, Agitation auf der Bühne. Das politische Theater der Weimarer Republik, Emsdetten 1970.

Naturalistischem Illusionismus des Bühnenvorgangs soll von Grund auf vorgebeugt werden: »Die Requisiten für die einzelnen Szenen werden von den Bühnenhelfern sichtbar hereingebracht und sichtbar weggeschafft. / Es wird nicht verheimlicht, daß die Beleuchtung, auf Illusionen nicht bedacht, von einer Apparatur hergestellt wird. / Die Schauspieler werden gelegentlich auf der Bühne für die Szenen hergerichtet. Wenn sie als Zeugen einen vergangenen Vorgang darzustellen haben, begnügen sie sich in Kostüm und Maske mit notwendigen charakteristischen Details. Die Arbeit des Schauspielers, die der übrigen Theaterarbeiter und die exakt arbeitende Theatermaschinerie wird in ihrer sachlichen Schönheit gezeigt.« (S. 7) In der mehrschichtigen Konstruktion des Stückes erscheinen solche szenischen Brechungen als Formen des allseitigen Demonstrations- und Verweisungscharakters, mit dem das Spiel seine Immanenz aufhebt. So tritt der »Oberstaatsanwalt« in der Funktion des epischen Kommentators auf, der sich unmittelbar ans Publikum wendet und die Eigenart des Untersuchungsverfahrens und damit auch des Stückes erläutert: »Mein Name ist Hill, mein Rang Oberstaatsanwalt. Ich leite eine der Untersuchungskommissionen, die von der Justizministerkonferenz der Länder eingesetzt wurden, bislang ungeahndete Verbrechen deutscher Staatsbürger aufzuklären, die im Kriege begangen wurden.« (S. 8) Es handelt sich um eine Vor-Ermittlung ohne gerichtliches Urteil (das hier ohnehin nicht mehr zu erwarten ist, da der Fall niedergeschlagen wird); am Ende steht Offenheit im Konflikt verschiedener Normen, die Beurteilung des vorgeführten ›Falles‹ von der eigenen gesellschaftlichen Position aus bleibt dem Zuschauer überlassen. Verschiedene Perspektiven werden aber nicht allein durch die Form des Gerichtsverfahrens, sondern durch die Struktur des Stückes überhaupt ermöglicht. Die zeitlichen Ebenen des Spiels konstituieren sich dadurch, daß dem in der Gegenwart gedachten Untersuchungsverfahren dokumentarische Filmaufnahmen und auch pseudodokumentarische Fotoprojektionen (nämlich der Schauspieler) aus der zur Verhandlung anstehenden Vergangenheit eingefügt sind, vor allem aber – deutlich das filmische Mittel der Rückblende nachahmend – in szenischer Vergegenwärtigung gespielte Ausschnitte aus jener Vergangenheit, die von den beteiligten Personen in epischer Vermittlung durch das ausdrückliche Erinnern eingebracht werden. Kontrastierung von Vergangenheit und Gegenwart wird auch durch die

Aufteilung des Bühnenraums und entsprechende Scheinwerferbeleuchtung markiert. Solche Polyperspektivität bedeutet für den Zuschauer Möglichkeit und Aufforderung zum Vergleich, zum eigenen Urteil, zumal am Schluß die Alternativen in ihrer Unversöhnlichkeit pointiert gegeneinander gestellt werden: Auf den – lediglich juristisch argumentierenden – Oberstaatsanwalt als Vertreter der bestehenden Ordnung (»Rechtsnorm ist Rechtsnorm«) trifft der Historiker Schweigeis als Vertreter der kritischen Gegenposition (»Und Mord, Mord«) (S. 127), der auf Verantwortung gegenüber den politischen Systemen besteht, gegenüber jenem, das solche Verbrechen ermöglichte und provozierte, und jenem, das ihnen nur juristisch und damit unangemessen begegnet – nämlich ohne die realen Grundlagen und Inhalte der jeweiligen »Rechtsnorm« in die Beurteilung miteinzubeziehen.

1962 uraufgeführt, bezeichnet der »Hund des Generals« zusammen mit Walsers im selben Jahr aufgeführten Stück »Eiche und Angora«[6] jenen Umbruch im westdeutschen Drama, der als Korrektur der gesellschaftlichen Realität die ›Bewältigung der Vergangenheit‹ in einem richtigen Verständnis als notwendige Bewältigung der Gegenwart darstellte. Das juristische Verfahren als Ausdruck einer moralischen Distanzierung scheitert an der ausbleibenden Reflexion der politischen Grundlagen. Das konkrete Nennen von zeitgeschichtlicher Wirklichkeit, das auch Walser mit seiner parabolischen Fabel verbindet, begegnet kritisch der Reduzierung von gesellschaftlicher Problematik auf eine individuelle und besteht auf dem ungelösten, weil in den geschichtlichen Bedingungen unverstandenen Fortwirken der Vergangenheit in der Gegenwart.

»Der Hund des Generals« tendiert, und das ist der formale Ausdruck der politischen Motivation, zum dokumentarischen Theater. Das erfundene Demonstrationsbeispiel ist mit den Mitteln der Piscator-Bühne quasi-dokumentarisch aufbereitet, zugleich aber sind wesentliche Techniken des Brecht-Theaters (mehrschichtiger Aufbau, Spiel im Spiel, epische Vermittlung, Hervorhebung des Zeigecharakters und des Rollenspiels) mit Betonung eingesetzt, um ungeprüfte Identifikation mit vorgeführten Positionen und emotionale Überwältigung gerade beim aktuellen Stoff der Zeitgeschichte von vornherein auszuschließen. Eine

---

[6] Martin Walser, Gesammelte Stücke, S. 53–113.

Vermittlung zwischen Brechts Theater und dem dokumentarischen Theater, wie sie der »Hund des Generals« ankündigt, besteht in der Form der Gerichtsszene, welche durch ihre dialektische Struktur die wechselseitige Verfremdung und Aufhebung der einzelnen Positionen zur Folge hat und in der Verbindung von Vergangenheit und Gegenwart den Prozeßcharakter auch in der Bewußtseinsentwicklung des Zuschauers initiiert.[7] Die Verabsolutierung herausgegriffener Argumente wird damit ebenso verhindert wie die Illusion einer einfachen Wahrheit, die ungebrochen auf der Bühne darstellbar wäre. Die Tendenz zu dokumentarischer Unmittelbarkeit geht so mit distanzierender Verfremdung zusammen – eine ästhetische Position, deren Bedeutung gerade im Vergleich mit Walsers konventioneller gebauter chronikalischer Bilderfolge und im Hinblick auf die weitere Entwicklung des dokumentarischen Theaters nachdrücklich hervorzuheben ist.

b) »In der Sache J. Robert Oppenheimer«

Kipphardts Oppenheimer-Stück[1] zeigt gegenüber dem »Hund des Generals« weniger offensichtliche und so auch weniger schematisch gehandhabte Anlehnungen an Brechts dramaturgische Errungenschaften; die ästhetische Aufnahme der Wirklichkeit vollzieht sich dafür in Einzelheiten wesentlich subtiler und differenzierter.[2]

---

[7] Vgl. hier und bei allen dokumentarischen Stücken in Prozeßform die Darstellung von Manfred Wekwerth über Brechts Pläne eines Prozeßtheaters und dessen Beziehung zum epischen Theater: Manfred Wekwerth, Notate. Über die Arbeit des Berliner Ensembles 1956–1966, Frankfurt am Main 1967 (= edition suhrkamp 219), S. 144–151. – »Jeder Gerichtsprozess trägt Elemente des epischen Theaters in sich, sozusagen von Natur aus.« (S. 144)

[1] Zugrundegelegt wird hier die Bühnenfassung: Heinar Kipphardt, In der Sache J. Robert Oppenheimer, 10. Aufl. Frankfurt am Main 1971 (= edition suhrkamp 64). Alle Zitate im folgenden nach dieser Ausgabe.

[2] Die bisher vorgelegten Interpretationen des Oppenheimer-Stückes konzentrieren sich wiederum fast ausschließlich auf inhaltliche Aspekte und die Frage nach dem Verhältnis von Stück und historischer Wirklichkeit. Vgl. Rémy Charbon, Die Naturwissenschaften im modernen deutschen Drama, Zürich und München 1974 (= Zürcher Beiträge zur deutschen Literatur- und Geistesgeschichte 41); im Kapitel »Dokument und Drama« (S. 205–211), das sich auf die Dramaturgie von Kipphardts Stück bezieht, werden

Die eröffnende Bühnenbeschreibung entspricht, knapper gefaßt, der des vorausgegangenen Stückes: »Die Bühne ist offen. Sichtbare Tiefstrahler. Die Szene ist zum Zuschauerraum hin von einer weißen Gardine begrenzt, genügend hoch, um die folgenden Filmdokumente wiederzugeben« (S. 7). Die gezeigten dokumentarischen Filmausschnitte sind mehr als atmosphärischer Hintergrund oder historische Beglaubigung des Vorgeführten; sie umreißen in verfremdend-kontrastierenden Bildfolgen die überindividuelle Problematik des Stückes und setzen den Rahmen, in dem das Einzelereignis aufzunehmen ist: »Wissenschaftler, die in ihren Kampfanzügen wie Militärs aussehen« (S. 7), verweisen auf die Verflochtenheit der nur scheinbar ›reinen‹ Wissenschaft mit politisch-militärischen Interessen; die Bilder von Atomexplosionen »in großer Schönheit« werden den »Radiumschatten einiger Opfer der Atombombenexplosion von Hiroshima auf einer Hauswand« (S. 7) gegenübergestellt, die zweckfreie Forschung der zweckgebundenen Anwendung ihrer Ergebnisse. Damit ist die Erwartungshaltung des Zuschauers vorherbestimmt, ohne daß das Resultat des Prozesses fixierend vorweggenommen wäre.

Das Verhör, in der ästhetischen Formung stellvertretendes Einzelereignis mit Verweisungsfunktion, wird vom Bühnenbild her fast naturalistisch präsentiert: die Regieanweisung zur ersten Szene schildert genau die historische Örtlichkeit, der Darsteller Oppenheimers soll dessen gewohnheitsmäßige Körperhaltung einnehmen (S. 7f.). Doch beginnt der gesprochene Text des Stückes dann mit folgenden Worten, die der Darsteller Oppenheimers, »an der Rampe« zum Publikum ge-

lediglich Verdichtung, Montage und Profilierung als ›technische Mittel‹ allgemein abgehandelt. – Der Wandel der szenischen Präsentation im Vergleich mit Brecht bleibt fast unberücksichtigt sogar bei Ernst Schumacher, Drama und Geschichte. Bertolt Brechts ›Leben des Galilei‹ und andere Stücke, Berlin 1965, S. 339–346. – Wenig ergiebig ist auch die Untersuchung von Heinz Geiger, Widerstand und Mitschuld. Zum deutschen Drama von Brecht bis Weiss, Düsseldorf 1973 (= Literatur in der Gesellschaft 9), S. 77–84. Wenn auch von höherem Reflexionsniveau, ist sie mit der thematisch-stofflichen Gliederung und der großen Anzahl der behandelten Stücke der Arbeit Sigrid Ammers ähnlich, obwohl sie »den wechselseitigen Bezug von zeitgeschichtlichem Stoff und dramatischer Struktur jeweils am konkreten Einzelfall aufzeigen« möchte und »neben dem Aufzeigen einer speziellen Thematik vor allem die Reflexion der damit verbundenen Form-Inhalt-Problematik anstrebt« (S. 9). Dieser Anspruch wird nur bedingt eingelöst.

wendet, übernimmt: »Am 12. April 1954, wenige Minuten vor zehn, betrat J. Robert Oppenheimer, Professor der Physik in Princeton, ehemals Direktor der Atomwaffenlaboratorien von Los Alamos und späterer Regierungsberater in Atomfragen, das Zimmer 2022 im Gebäude T 3 der Atomenergiekommission in Washington, um einem Sicherheitsausschuß Fragen nach seinen Ansichten, seinen Verbindungen, seinen Handlungen zu beantworten, die verdächtigt wurden, illoyal gewesen zu sein.« (S. 8) Ästhetisch sind damit die fehlende Rollenidentifikation und der distanzierende Demonstrationscharakter markiert, ist letztlich die Differenz von Spiel und Wirklichkeit, von realem Ereignis und ästhetisch verändertem und veränderndem Nachvollzug ausdrücklich festgehalten.[3] Das Präteritum bestimmt den vorgeführten Fall zudem als einen vergangenen, der dem Zuschauer zur geschichtlichen Betrachtung vorgelegt wird. Eine Projektion McCarthys und die Lautsprecherübertragung einer seiner Reden rufen schließlich den zeitgeschichtlichen Hintergrund und unmittelbaren Anlaß des Verhörs in Erinnerung (S. 8f.). Nach dieser episch zurückblickenden Einführung beginnt ohne weitere Überleitung das szenisch vergegenwärtigte Verhör. Ein dialektisches Verständnis des Verhältnisses von Vergangenheit und Gegenwart wird damit strukturell vorbereitet; in der gesellschaftlichen Begründung des Einzelfalls tritt zur geschichtlichen Konkretion die Möglichkeit der aktualisierenden Abstraktion. Erkenntnis des Exemplarischen als des je Gegenwärtigen führt im Wechsel von Distanz und Betroffenheit zur geschichtlichen Relativierung gerade auch der als gegenwärtig erfaßten Problematik.

Dieses Verhältnis findet in der Struktur des Stückes weiterhin dadurch Ausdruck, daß Mitglieder des Ausschusses aus der Szene heraus

---

[3] Gegenüber den Auftrittsworten des Oberstaatsanwaltes Hill im »Hund des Generals« zeigt sich bei aller strukturellen Ähnlichkeit der ästhetische Fortschritt im Wechsel von der Ich- zur Er-Form, von der (scheinbaren) Personenrede zur offenen Distanzierung des Zeigens und Vorführens. Die genaue Entsprechung findet sich am Ende der 8. Szene, zum Schluß des Verhörs vor dem Urteil in der 9. Szene: »*Lichtwechsel. Oppenheimer tritt an die Rampe. Die Gardine schließt sich. Oppenheimer* Am 14. Mai 1954, wenige Minuten vor zehn, betrat der Physiker J. Robert Oppenheimer das Büro 2022 der Atomenergiekommission in Washington zum letztenmal, den Spruch des Ausschusses entgegenzunehmen und sich in einem Schlußwort zu rechtfertigen. *Er geht in die Szene zurück.*« (S. 135) Damit ist die epische Umrahmung geschlossen.

an die Rampe treten – der Vorgang wird durch Lichtwechsel und Schließen der Gardine zusätzlich markiert – und für das Publikum ihre Haltung argumentierend und erklärend zusammenfassen.[4] Die Geschlossenheit der Bühne und damit die Abgeschlossenheit des geschichtlichen Faktums ist auf diese Weise aufgebrochen; dem Zuschauer wird nahegelegt, wie die Bühnenfiguren aufgrund persönlicher Reflexion Stellung zu der behandelten Problematik zu beziehen. Dabei wird in diesen Exkursen die Rolle im Spiel nicht zugunsten einer veränderten Einsicht aufgegeben, sondern lediglich umfassender zu begründen versucht. Die eigentliche Steigerung der Aussage ergibt sich erst durch die Gegensätzlichkeit der Plädoyers, die den Zuschauer bis zum Ende im offenen Prozeß festhält, ihm die bewußtseinsmäßige Identifikation mit einzelnen Bühnenfiguren erschwert und so die distanzierte Reflexion über das Stück hinaus aufdrängt. Die Rolle des Zuschauers als angesprochenen Beurteilers des Geschehens wird szenisch außerdem betont durch Titelprojektionen vor einzelnen Szenen, die dem Text des Verhörs entnommen und geradezu als Leitfragen formuliert sind.[5] In struktureller Entsprechung zum ersten Teil geschieht die Öffnung der Szene zu Beginn des zweiten Teils durch weitere Filmdokumente, die an die weltpolitischen Aspekte des verhandelten Falls erinnern; danach wird die »öffentliche Diskussion Amerikas« (S. 77) anhand von Zeitungsüberschriften in ihrer exemplarischen Widersprüchlichkeit vorgeführt. Die dokumentierte Geschichte liefert schließlich noch das Material für die letzte Verfremdung, die ironische Schlußpointe des Stückes. Von der Perspektive der Gegenwart her gesehen, führt die Schlußprojektion über das ›Urteil‹, den Entzug der Sicherheitsgarantie, hinaus zur offiziellen Rehabilitierung im Jahre 1963: »Am 2. Dezember 1963 wurde J. Robert Oppenheimer der Enrico-Fermi-Preis für

---

[4] Vgl. S. 20f., 25f., 32f., 39f., 45f. – Ähnlich verfährt Max Frisch in »Andorra«, wenn die Personen der Handlung zwischen einzelnen Bildern im »Vordergrund« an die »Zeugenschranke« treten und sich zu rechtfertigen suchen. (Max Frisch, Stücke 2, Frankfurt am Main 1973 [= suhrkamp taschenbuch 81], S. 185–285; vgl. S. 201, 205, 211, 228, 254, 267) Sie argumentieren dabei von einem zeitlich späteren Standpunkt aus – der gleichsam nach dem Schluß der Handlung zu denken ist –, bleiben aber in ihrem falschen Bewußtsein gefangen, so daß der Vollzug der Erkenntnis auch hier vom Zuschauer geleistet werden muß.
[5] Vgl. S. 22, 26, 33, 40, 46.

seine Verdienste um das Atomenergieprogramm während kritischer Jahre von Präsident Johnson überreicht. Den Vorschlag zur Verleihung machte der vorjährige Preisträger Edward Teller.« (S. 141) Die Ironie wird dadurch verstärkt, daß Teller in der Realität (wie im Stück) als wissenschaftlicher Vertreter der staatspolitischen Erfordernisse Oppenheimers schärfsten Opponenten darstellte. Für den Zuschauer, der das vorausgegangene Verhör kennt, bedeutet dies nicht etwa eine nachträgliche Lösung, sondern einen letzten Widerspruch, der ihn auf sein eigenes Urteil zurückwirft.

Die Titelprojektion zur 8. Szene gibt einen weiteren unübersehbaren Hinweis für die zusammenfassende Beurteilung des spezifischen Abbildungscharakters von Kipphardts Oppenheimer-Stück: »Am Vormittag des 6. Mai 1954 beendet die Kommission die Phase der Zeugenvernehmung. Es waren 40 Zeugen in der Sache J. Robert Oppenheimers gehört worden. Das Protokoll des Verhörs umfaßte 3000 Maschinenseiten. Der Zeugenvernehmung folgten die Plädoyers.« (S. 126) Mit der ausdrücklichen Nennung der realen Umstände des Verhörs und der auffallenden Wendung ins Präteritum ist der Unterschied von historischer Faktizität und theatralischer Fassung in die ästhetische Struktur aufgenommen und als deren Voraussetzung gekennzeichnet. Die Betonung der Differenz, wie sie nicht nur hier sichtbar wird, bedeutet eine umfassende strukturelle Verfremdung, deren Aufhebung im Bewußtsein des Zuschauers die adäquate Rezeption begründet: nicht die ausschließliche Identifikation mit der Reproduktion des vergangenen Faktischen, welche in eine entsprechend umfassende Beziehungslosigkeit umschlägt, sondern, im Wechsel von emotionalem Nachvollzug und reflektierender Abstraktion, die Erkenntnis des durch die Geschichte perpetuierten kritischen Gehaltes, der im historisch konkreten Einzelfall ästhetisch bezeichnet wird. Illusion als partielles Strukturelement hat in diesem Rahmen ihre Berechtigung, wo sie nicht zur durchgehenden Illusion der ungebrochenen Abbildung von Wirklichkeit gerät.[6]

---

[6] Die Verschränkung von Illusion und Verfremdung, gerade auch an den Bruchstellen, kann sicher nicht mit Urs Jenny aus ästhetischer Unsicherheit erklärt werden: »Diese Wechsel zwischen verfremdet und unverfremdet, zwischen Gegenwarts- und Vergangenheitsform (auch in den Zwischentiteln) verraten, daß Kipphardt mit dieser Komponente des Stückes

Die Appellfunktion des Textes ist damit nicht auf nur inhaltliche Apostrophen gestützt, sondern in der Struktur des Textes begründet, welche Dokumentarisches als Ausdruck der konkreten Beziehung auf Geschichte verbindet mit der Aufhebung des Dokumentarischen als Ausdruck der kritischen und damit prinzipiell auf gegenwärtige Veränderung zielenden Aneignung von Geschichte.

c) »Joel Brand. Die Geschichte eines Geschäfts«

Kipphardts auf den »Oppenheimer« folgendes Dokumentarstück »Joel Brand. Die Geschichte eines Geschäfts«[1] von 1965 kann hier nur zum Vergleich herangezogen werden, um die ästhetisch bedeutsame Struktur des »Oppenheimer« ex negativo nochmals zu beschreiben. Eine eigene Untersuchung lohnt bei diesem Stück kaum; nicht, weil es in geringerem Maße als das Oppenheimer-Stück dokumentarisch gearbeitet ist – nur der Stoff und die Hauptpersonen sind historisch, die Handlungsführung und Dialogisierung der einzelnen Szenen sind im wesentlichen frei gestaltet –,[2] sondern weil die mögliche Wirkung an die Aussagekraft allein des Stoffes gebunden wird und strukturell vermittelte Reflexion nicht stattfindet. Auf Mehrschichtigkeit der szenischen Präsentation und relativierende Verfremdung wird völlig verzichtet, alle Szenen sind formal einheitlich gestaltet: Detailgetreu ausgemalte Schauplätze und ein offensichtliches Bemühen um atmosphärische Dichte und Lokalkolorit verraten, ähnlich wie effektvolle Auftritte und Abgänge und mancherlei Überraschungsmomente in der Handlungsführung, daß hier eine antiquierte Theaterform vorliegt, eine ausschließlich auf Illusion und Identifikation abzielende Spannungsdramaturgie, die deutliche Nähe zu Mustern der Trivialliteratur zeigt.

---

noch nicht ganz ins reine gekommen ist.« – Urs Jenny, In der Sache Oppenheimer. Uraufführung von Heinar Kipphardts Stück in Berlin und München, Theater heute 5 (1964), H. 11, S. 22–25; Zitat S. 23.

[1] Heinar Kipphardt, Joel Brand. Die Geschichte eines Geschäfts, Frankfurt am Main 1965 (= edition suhrkamp 139). Alle Zitate im folgenden nach dieser Ausgabe.

[2] Auch Kipphardts eigene Erläuterung sagt: »Der Stoff und die Hauptpersonen sind historisch. Für den Zweck des Dramas nahm sich der Verfasser die Freiheit, die Handlung auf diejenigen Hauptzüge zu konzentrieren, die ihm bedeutend schienen.« (S. 141).

Durch diese Form wird das kritische Potential des Stoffes von vornherein zunichte gemacht. Die im Oppenheimer-Stück genutzte Möglichkeit, den historisch dokumentierten Fall, der auch hier zweifellos symptomatische Bedeutung hat, in offener Form der gegenwärtigen Reflexion vorzulegen, wird aufgegeben zugunsten einer auf Emotionen angelegten Gestaltung, die beim Zuschauer allenfalls auch emotional bestimmte Ergebnisse zeitigen kann.[3] Der Bekanntheitsgrad und die im allgemeinen Vorverständnis negative Besetzung der historischen Figur – hier Adolf Eichmanns – dienen weniger der Erregung historisch-kritischen Interesses als der Aufregung kolportagehafter Sensationen.[4]

Die weitgehende Nähe zum Dokument, die das Oppenheimer-Stück zeigt, bedeutet nicht notwendig Distanzlosigkeit und Überwältigung durch die geschichtlichen Fakten, da gerade die relative historische Genauigkeit strukturelle Verfremdung verlangt, um die Unabgeschlossenheit, die Interpretationsbedürftigkeit des Gezeigten hervorzuheben und der Perspektive der Gegenwart Eingang zu verschaffen. Die von vornherein inhaltlich freiere Gestaltung des historischen Stoffes kann ihr kritisches Interesse nicht – wie bei »Joel Brand« geschehen – in der dramatischen Bearbeitung verwirklicht finden, wenn diese sich in der Reproduktion der Oberfläche erschöpft.[5] Das Ergebnis ist dann ein

---

[3] Da die szenische Grundstruktur des »Joel Brand« derjenigen von Hochhuths Stücken ähnelt, werden die hier getroffenen Unterscheidungen in anderem Zusammenhang noch ausgeführt.

[4] Bezeichnende Beispiele nennt Heinz Geiger, der kritisch summiert: »All diese theatralischen Komponenten ⟨...⟩ drängen sich in den Vordergrund und überdecken das eigentliche Geschehen. Die Aufmerksamkeit des Zuschauers richtet sich weit mehr auf den äußeren Gang der Handlung als auf den dokumentierten Sachverhalt«. (Heinz Geiger, Widerstand und Mitschuld, S. 152)

[5] Was Marianne Kesting dem dokumentarischen Theater insgesamt zum Vorwurf machen möchte, trifft hier zu: »Es ist noch jedem der Dokumentar-Dramatiker vorzuwerfen, daß er sich die Sache zu einfach gemacht hat, sowohl was das Studium der Dokumente und ihren gesellschaftlichen Zusammenhang wie ihre ästhetische Formulierung betrifft. Was dabei herauskam, war in jedem Falle wenig mehr als der reißerische Oberflächenaspekt der Sache.« (Marianne Kesting, Völkermord und Ästhetik. Zur Frage der sogenannten Dokumentarstücke, Neue deutsche Hefte 14 [1967], H. 1, S. 88–97; Zitat S. 95) – Bemerkenswert ist, daß die vorausgegangene Fernsehfassung des »Joel Brand« durch die Verbindung der illustrierenden Spielszenen mit einem distanzierenden dokumentarischen Bericht noch zweischichtig konstruiert war. Vgl. dazu Joachim Kaiser, Kipphardt und die Fernsehverfremdung, Theater heute 6 (1965), H. 2, S. 44f.

26

Ausschnitt aus der Vergangenheit, dessen geschichtliche Vermittlung – eigentliches Ziel der Darstellung – in dieser formalen Beschränkung dem Zuschauer kaum möglich ist. Der Untertitel »Die Geschichte eines Geschäfts« erbringt hier noch keine ausreichenden Beziehungen, solange das Stück selbst sie nicht durch distanzierende und abstrahierende Strukturen zu sehen erlaubt.

2. Dokumentarischer Naturalismus: Rolf Hochhuth

Historische Personen in einer freien Szenengestaltung, die auch nicht-
historische Personen einbezieht, und die Anreicherung des fiktiven
Dialogs mit historischen Namen und Fakten sind die einzigen dokumentarischen Elemente in dem für die szenische Aufführung bestimmten Text von Hochhuths Dramen. Wird der »Stellvertreter« seit dem
begeisterten Vorwort Piscators zur ersten Buchausgabe[1] auch allgemein
als Einsatz des dokumentarischen Theaters in der Bundesrepublik bezeichnet – eine Wertung, die in Anbetracht der damaligen geschichtlichen und literarischen Situation verständlich und auch berechtigt
scheint –, so ist die Zugehörigkeit von Hochhuths Dramen zu den Werken dieser Form in ästhetischer und politischer Hinsicht keineswegs so
selbstverständlich anzunehmen. Der Anteil an dokumentarisch beleg-
barem Material kann dabei nicht als alleiniges Kriterium gelten. Mehr
als in Handlung und Dialogführung sind ja bei Hochhuth historische
Dokumente in die umfangreichen Zwischentexte, Regieanmerkungen
und Szenenbeschreibungen, eingegangen, wo sie freilich, zumindest
nach der Intention des Autors, nur dem Leser des Dramas offenliegen.
Bereits diese für Hochhuth eigentümliche Aufteilung von Fiktion und
zitierter Realität verweist auf Brüchigkeit und Widersprüchlichkeit der
Gesamtstruktur, deren ästhetische Bedeutung – welche auch über die

---

[1] Rolf Hochhuth, Der Stellvertreter, Schauspiel, Reinbek bei Hamburg 1963
(= Rowohlt Paperback 20). Alle Zitate im folgenden nach dieser Ausgabe. –
In Piscators Vorwort sind – von ihm selbst erstaunlicherweise nicht als
Widersprüche aufgefaßt – die unterschiedlichen Tendenzen der Hochhuthschen Werke benannt: »Dieses Stück ist ein Geschichts-Drama im Schiller-
schen Sinne.« (S. 7) – »Ein episches Stück, episch-wissenschaftlich, episch-
dokumentarisch; ein Stück für ein episches, ›politisches‹ Theater, für das
ich seit mehr als dreißig Jahren kämpfe: ein ›totales‹ Stück für ein ›totales‹
Theater ...« (S. 9).

Frage des dokumentarischen Charakters entscheidet – erst im Zusammenwirken aller Elemente abschließend bestimmt werden kann.

Wie bei den Werken Kipphardts, sagen schon die Grundstrukturen der szenischen Präsentation noch vor jeder ›Inhaltlichkeit‹ Wesentliches aus über die ästhetische und ideologische Begründung und Intention des Werkes. Dies heißt nicht, vom ›Inhalt‹, der politisch-historischen Thematik, abzusehen, doch gilt, daß der ›Inhalt‹ notwendig von der Form der ästhetischen Vermittlung abhängt, sich erst in dieser konkretisiert. Welche Vorentscheidungen durch die dramatische Gestaltung getroffen werden, soll in der Abfolge der ersten drei Hochhuthschen Bühnenwerke unter dem Aspekt der Illusionserzeugung und Illusionsbrechung, also der mehrdimensionalen Strukturierung, untersucht werden – den Begriff ›Verfremdung‹ hier einzuführen, verbietet sich fast bei einer Dramaturgie, die sich unverkennbar nach geschichtlich älteren Mustern ausrichtet und die nach rückwärts orientierte Abwendung vom gegenwärtigen Stand der ästhetischen Entwicklung bewußt vollzieht.[2]

Innerhalb der strukturellen Einförmigkeit, welche die ersten Werke Hochhuths (und auch noch seine späteren Komödien) kennzeichnet, vollzieht sich indessen, genau in der Abfolge der Entstehung und des Erscheinens, auch eine technische Entwicklung, die ästhetisches Problembewußtsein signalisiert, in ihrem letztlichen Scheitern aber gleichzeitig auf die Konstanz der unaufhebbaren Grundstruktur verweist.

---

[2] Das grundsätzliche Unverständnis, das Hochhuth Brechts Werk entgegenbringt und das neben weltanschaulichen Gründen wohl aus einer allzu geradlinigen Wirkungsabsicht zu erklären ist, steigert sich in den letzten Stücken immer deutlicher bis zum irrationalen Affekt gegen Brechts Verfremdungsdenken: »Und es ist aufschlußreich, daß stets nur an politisch engagiertes Theater die immer schlau als ästhetisches Argument getarnte Forderung gestellt wird, das Darzustellende zu ›verfremden‹, bis es kostümballvergnügt daherkommt wie eine Parabel aus Sezuan.« (Rolf Hochhuth, Guerillas. Tragödie in 5 Akten, Reinbek bei Hamburg 1970, S. 18) – Zu einer naturalistischen Szene in der Komödie »Lysistrate und die NATO« heißt es in bezeichnender Formulierung: »wem solche Bilder zu ›naturalistisch‹ sind, weil er gelesen hat, dergleichen sei zu ›verfremden‹ – der mag einen Filmstreifen aus altgriechischen Vasenbildern zusammenstücken, die Liebesspiele zeigen, und den im Fernsehapparat ablaufen lassen – mit Tempo zuletzt.« (Rolf Hochhuth, Lysistrate und die NATO. Komödie, Reinbek bei Hamburg 1973 [= das neue buch 46], S. 17).

Die geschlossene Tektonik der individuellen Handlung läßt immer den Spannungsbogen von der Exposition über die Peripetie zur Katastrophe samt allen Zwischenstufen erkennen. Die klassisch-idealistische Geschlossenheit dieses Rahmens (welche die Einheitlichkeit der literarischen Vorbilder freilich nicht erreichen kann und will)[3] wird in der jeweiligen szenischen Ausführung widersprüchlich ergänzt durch eine andere Geschlossenheit, nämlich die der naturalistischen Bühne. Die genauen und detaillierten Beschreibungen eines vollständigen Bühnenbilds haben offensichtlich eine extreme Form der Guckkastenbühne vor Augen, deren Illusionismus Bühnengeschehen und Publikum völlig trennt und mittels Identifikation zugleich ineinssetzt.

›Naturalistisch‹ werden Hochhuths Stücke nicht im literaturgeschichtlichen, wohl aber in einem daraus abgeleiteten kritischen Sinne genannt; denn die vergleichbaren Merkmale der szenischen Präsentation sind so zahlreich, daß der Begriff sie am besten faßt – selbst die Stilisierung der Sprache, die auf ein alternierendes Metrum hin rhythmisiert ist, wird durch die individuellen Schattierungen, die vor allem im »Stellvertreter« den Dialekt betont einsetzen, fast ganz zurückgenommen. Wenn Hochhuth als Autor sich – verbal – von naturalistischen Tendenzen abgrenzt, beruft er sich bezeichnenderweise auf Schil-

---

[3] Daß die Schillersche Dramaturgie das Vorbild für die Konstruktion der Hochhuthschen Stücke liefert, findet in fast allen Abhandlungen über Hochhuth, gleich welchen Aspekt sie ausführen, zumindest Erwähnung. Zuwenig wird aber immer berücksichtigt, wie fragwürdig die Nachahmung an sich – ob äußerlich gelungen oder nicht – in geschichtlicher und ästhetischer Hinsicht sein muß. Kunstformen als »sedimentierter Inhalt« (Theodor W. Adorno, Ästhetische Theorie, S. 15) können nicht gleichsinnig über historische Zeiträume hinweg übernommen werden. Nur die Verbindung mit anderen strukturellen Tendenzen rechtfertigt hier noch das Verfahren. (Hochhuth selbst beruft sich auf Schiller ausdrücklich fast nur in bezug auf das Verhältnis von geschichtlichem Stoff und dramatischer Fassung.) – Einen entschiedenen Hinweis auf die Unvereinbarkeit und Unvergleichbarkeit von Schiller und Hochhuth gibt Klaus L. Berghahn, Eine konservative Revolution als ›american dream‹?, Basis 2 (1971), S. 305–313. Zugespitzt heißt es dort: »Schiller ist einfach besser und seiner Zeit gemäßer, als Hochhuth ihn versteht oder mißdeutet, um sein pseudohistorisches Drama zu rechtfertigen. Schiller war nicht nur Historiker, sondern dachte auch in Kunstfragen entschieden historisch ⟨...⟩. Man sollte daher endlich aufhören, Hochhuths epigonale Geschichtsdramatik mit Schiller zu entschuldigen.« (S. 308)

lers Ästhetik einer idealisierten Wirklichkeit und nicht auf den »Verfremdungstheoretiker Brecht«.[4]

Die wenigen Versuche Hochhuths, die zweifach vollzogene Geschlossenheit dieser Dramaturgie strukturell aufzubrechen, eine zweite Ebene als formales Äquivalent einer anderen Perspektive zu konstituieren, rechtfertigen eine genauere Betrachtung, weil gerade an solchen Stellen die das Gesamtwerk bestimmenden Grundlagen und Bedingungen offenbar werden.

a) »Der Stellvertreter«

Am Schluß des Personenverzeichnisses zum »Stellvertreter« findet sich folgende Anmerkung: »Die zu Gruppen von zwei, drei oder auch vier Personen zusammengefaßten Figuren sollten jeweils vom gleichen Schauspieler verkörpert werden – gemäß der Erfahrung, daß es im Zeitalter der allgemeinen Wehrpflicht nicht unbedingt Verdienst oder Schuld oder auch nur eine Frage des Charakters ist, ob einer in dieser oder jener Uniform steckt und ob er auf seiten der Henker oder der Opfer steht.« (S. 14) Zur Erläuterung muß daran erinnert werden, daß diese Nebenpersonen zusammenfassenden Gruppen so gebildet sind, daß entweder Henker und Opfer nebeneinander stehen oder aber die Herrschenden und ihre Gehilfen in den Uniformen nur äußerlich unterschiedener Parteien. Dann ist hier ein mögliches ästhetisches Äquivalent für eine Einsicht gefunden, die – gewiß nicht von der allgemeinen Wehrpflicht abhängig – aus Erfahrungen der neueren Geschichte resultiert, gerade jener Geschichte, die auch den Stoff für Hochhuths Dramen stellt.[1] Umfassende ästhetische Konsequenzen, wie sie die Kunstformen der Moderne bestimmen, zieht Hochhuth nicht; er verweigert sich in seinem Drama der Nachfolge von Piscator und

---

[4] Rolf Hochhuth, Der Stellvertreter, S. 229. – Dabei kann die geschichtlich adäquate Kritik des Naturalismus und Illusionismus sich nur bei Brecht finden. Vgl. dazu »Realistisches Theater und Illusion« (Bertolt Brecht, Gesammelte Werke, Frankfurt am Main 1967 [=werkausgabe edition suhrkamp], Bd. 15, S. 250f.) und »Der Naturalismus«, »Die Einfühlung« (Bertolt Brecht, Gesammelte Werke, Bd. 16, S. 514–523).

[1] Vgl. dazu grundlegend Theodor W. Adorno, Offener Brief an Rolf Hochhuth, in: Th. W. A., Noten zur Literatur IV, S. 137–146.

Brecht, die mit bewußter ästhetischer und politischer Begründung eine offene Dramaturgie der überindividuellen Bewegungskräfte und gesellschaftlichen Bedingtheiten durchsetzten. Hochhuth bedient sich der Dramaturgie der bürgerlichen Emanzipationsphase, die das in (sittlicher) Freiheit und Vernunft sich selbstbestimmende Individuum zum Grund und Ziel hat. Die eingangs angedeutete, ästhetisch sogar geforderte Austauschbarkeit der Individuen bleibt in diesem Zusammenhang eine unbestimmte und folgenlose Marginalie[2] – nicht weil Hochhuth inhaltlich immer wieder emphatisch auf der Freiheit und folglich auch Verantwortung des Individuums besteht, sondern weil die gewählte und durchgeführte Form künstlerisches Modell dieses Geschichts- und Menschenbildes ist und einschneidende Relativierungen wie die oben versuchte nicht erlaubt.

Kritische Perspektiven über die bloße Figurenkonstellation und Handlungsführung hinaus formal einzubringen und zu verdeutlichen, scheitert an der Geschlossenheit jeder Szene. Daß das Gestaltungsprinzip im einzelnen naturalistisch ist, darüber können auch entgegengesetzte Behauptungen innerhalb der Regieanweisungen nicht hinwegtäuschen, die an eine das Bühnenbild übersteigende Einbildungskraft des Zuschauers appellieren, anstatt konkrete Konsequenzen für eine angemessene Präsentation auf der Bühne zu ziehen. So heißt es gegen Ende der Papst-Szene im vierten Akt, als der Papst eine weitere unverbindliche Erklärung über seine allgemeine Hilfstätigkeit diktiert: »Es ist unvermeidbar, daß die Szene plötzlich irreal, ja phantasmagorisch wirkt. Worte, Worte, eine vollständig degenerierte Sprache als klassisches Mittel, zu reden, ohne etwas zu sagen – eine Erleichterung, daß es bei diesem Bühnenbild technisch unmöglich ist, im Hintergrund einige der Opfer zu zeigen: zerlumpte Familien vom Säugling bis zum Greis, einige von Hunderttausenden europäischer Familien, auch katholischer, auch einige der Nonnen, der Mönche – auf dem Weg ins Gas, verlassen von allen, verlassen selbst noch vom Stellvertreter Christi. Geschehen in Europa 1941–1944.« (S. 170) Daß die hier zur

---

[2] Auf den Widerspruch der vorgeschlagenen Rollenbesetzung zur Struktur des gesamten Werks verweist ausdrücklich Susan Sontag, Gedanken zu Hochhuths ›Der Stellvertreter‹, in: S. S., Kunst und Antikunst. 24 literarische Analysen, Reinbek bei Hamburg 1969 (= Rowohlt Paperback 69), S. 153–159; vgl. besonders S. 158.

Verfremdung des Geschehens erwogene Einführung einer zweiten Spielebene, und sei es nur einer kontrastierenden Hintergrundsprojektion, mit dem Hinweis auf das Bühnenbild als »technisch unmöglich« abgetan wird, zeugt von dem hohen Grad dieser anachronistischen Fixierung an eine selbst visuell noch geschlossene Szene. (Unverständlich bleibt zudem der Ausdruck der »Erleichterung« in einem Drama, das an anderer Stelle äußerstes menschliches Leiden auf der Bühne abzubilden versucht.)

Deutlicher noch und für das gesamte Werk symptomatisch wird dieser Widerspruch zwischen der Qualität der angestrebten Thematik und den zur Verfügung stehenden künstlerischen Gestaltungsformen im fünften Akt, dem Auschwitz-Akt.[3] Aus dessen unübersehbaren und unaufhebbaren Schwächen hat Hochhuth schon früh die Konsequenzen gezogen und ihn insofern ersatzlos gestrichen, als in der ›Variante zum fünften Akt‹[4] nicht mehr Auschwitz zum Schauplatz gewählt ist. Hier

---

[3] Fast kein Kritiker versäumt, auf die ästhetischen Schwächen oder mehr noch das insgesamt Mißglückte dieses Aktes hinzuweisen. Vgl. besonders die im allgemeinen zu positive Wertung der dramatischen Durchführung von Egon Schwarz, Rolf Hochhuth's ›The Representative‹, The Germanic Review 39 (1964), S. 211–230. Den letzten Akt nennt er »a melodramatic game of cops and robbers ⟨...⟩, complete with camouflaging, mistaken identities, foolhardy attempts at escape, attacks of insanity, and shooting in the middle of the stage. All of this, to be sure, serves the author's purpose of eliminating all the good people ⟨...⟩ at the end of the play, but it would have been much more appropriate to a ›Western‹ with an unhappy ending than to a drama which deals with the ultimate values of our culture.« (S. 228f.) – Ähnlich R. C. Perry, Historical Authenticity and Dramatic Form. Hochhuth's ›Der Stellvertreter‹ and Weiss's ›Die Ermittlung‹, The Modern Language Review 64 (1969), S. 828–839; S. 829f., und: Gerhard Weiss, Rolf Hochhuth, in: Deutsche Dichter der Gegenwart. Ihr Leben und Werk, hg. von Benno von Wiese, Berlin 1973, S. 619–631; S. 626. – Singulär bleibt das Urteil von Walter Muschg: »Die Wahrheit, um die es Hochhuth geht, tritt im grandiosen fünften Akt hervor, mit dem sein Stück steht und fällt.« (Walter Muschg, Hochhuth und Lessing, in: Rolf Hochhuth, Der Stellvertreter, Reinbek bei Hamburg 1967, S. 269–298; Zitat S. 297.) Der Kontext zeigt freilich, daß es hier nicht mehr um ernstzunehmende Literaturkritik geht.

[4] Rolf Hochhuth, Der Stellvertreter. Ein christliches Trauerspiel. Mit Essays von Karl Jaspers, Walter Muschg, Erwin Piscator, Reinbek bei Hamburg 1967 (= rororo 997), darin S. 281–295: »Eine Variante zum fünften Akt«, mit folgender Erläuterung: »Für die Aufführung von ›Der Stellvertreter‹ in Basel (September 1963) hat der Autor die dritte Szene des dritten Aktes umgearbeitet und an den Schluß des Trauerspiels gestellt. Sie ersetzt

33

endet das Stück in Rom mit dem – für den Zuschauer vorhersehbaren – Abtransport der römischen Juden und Riccardos nach Auschwitz. In der (immer noch als Haupttext gedruckten) Erstfassung des fünften Aktes reflektiert der Autor ausführlich über die Schwierigkeiten der ästhetischen Gestaltung eines solchen Stoffes und teilt dem Leser der Buchausgabe seine Überlegungen mit. Auch die Aporien dieser Argumentation lohnt es sich wegen ihres für Hochhuth exemplarischen Charakters nachzuzeichnen: »Den folgenreichsten Ereignissen und Entdeckungen unserer Zeit ist gemeinsam, daß sie die menschliche Vorstellungskraft überfordern. ⟨...⟩ Daher hat die Frage, ob und wie Auschwitz in diesem Stück sichtbar gemacht werden soll, uns lange beschäftigt. Dokumentarischer Naturalismus ist kein Stilprinzip mehr. Eine so überhöhte Figur wie der Doktor, der keinen bürgerlichen Namen trägt, die Monologe und anderes mehr machen deutlich, daß Nachahmung der Wirklichkeit nicht angestrebt wurde – und auch im Bühnenbild nicht angestrebt werden darf.« (S. 178) Die Formulierung läßt hier offen, ob Hochhuth den dokumentarischen Naturalismus als Gestaltungstendenz für die Gegenwart insgesamt ablehnt oder ob er ihm – etwa für die ersten vier Akte des Dramas – noch bedingte Möglichkeiten zuschreibt, die lediglich für die Darstellung des Lagers nicht mehr zu nutzen sind. (Im Anhang der »Historischen Streiflichter« wird die Absetzung von jedem Naturalismus deutlich.) Als kritischer Begriff gegen die Intention des Autors gewendet, beschreibt ›dokumentarischer Naturalismus‹ jedenfalls treffend Hochhuths dominierendes Stilprinzip: die Bühnenhandlung erscheint, in Anlehnung an dokumentierte Fakten, als Abbildung von Oberflächenwirklichkeit. Ideelle Vertiefung, geschichtliche Analyse oder kritische Konstruktion bleiben in dieser Erscheinungsform gebunden. Spätestens beim fünften Akt offenbart sich nun mit voller Schärfe die ästhetische Problematik dieser imitatorischen Vermittlung. In der metaphorischen Umsetzung nach

---

den bisherigen fünften Akt, das Stück endet nunmehr mit der Einlieferung Pater Riccardos in den Gestapo-Keller in Rom.« (S. 281) – In einem anderen Abdruck dieser Variante (Rolf Hochhuth, Dramen. Der Stellvertreter, Soldaten, Guerillas, Stuttgart ⟨o. J.⟩ [= Lizenzausgabe für die Mitglieder des Deutschen Bücherbundes]) schließt sich diesen Sätzen noch eine interessante Erläuterung an: »eine Respektierung des Einwands, Auschwitz sei nicht darstellbar« (S. 271). Kritisch hinzugefügt werden müßte: ›ist zumindest in Hochhuths Formen nicht darstellbar‹.

dem Vorbild von Celans »Todesfuge« sieht Hochhuth die Realität durch eben die Metaphorik versteckt, »Verfremdungseffekte« verstärken für ihn die Gefahr, daß ein »Eindruck des Unwirklichen« von dieser Realität ausgehe (S. 179); solche Argumentation läßt auf eine ästhetische Unreflektiertheit schließen, die zu vergessen scheint, daß die Aufführung der Bühne niemals die Realität von Auschwitz ist und gerade deswegen anders betrachtet und dargestellt werden muß, in deutender ästhetischer Vermittlung. Die Verwechslung kategorial verschiedener Ebenen führt dann zu der wenig überzeugenden Folgerung: »Hält man sich so weit wie möglich an die historische Überlieferung, so sind Sprache, Bild und Geschehen auf der Bühne schon durchaus surrealistisch.« (S. 179) Im Ergebnis dieses trügerischen Gedankengangs unterscheidet sich der fünfte Akt ästhetisch nicht grundlegend von den vorhergehenden Akten und gerät so im Vergleich mit der historischen Realität auf großen Strecken zur schieren Peinlichkeit, die hier mit Zitaten auszubreiten nicht mehr nötig ist.[5]

Dieses erreichte Ergebnis wird wieder eingeschränkt, wenn Hochhuth versucht, die der historischen Überlieferung folgende Abbildung stilistisch zu überhöhen oder die Differenz zur Wirklichkeit im Bühnenbild hervorzuheben: So enthält die erste Szene lyrische Monologe, metaphorische Umschreibungen der Realität (wie sie Hochhuth am Beispiel Celans letztlich für diesen Stoff abgelehnt hat). Die ästhetische Sonderstellung innerhalb der Gesamtstruktur wird durch die Regieanweisung noch unterstrichen: »Außer dem monotonen Anschlagen der Waggonräder, die auch während der Monologe hörbar bleiben, vorerst keine realistischen Effekte wie Kinderweinen, Sprechen und so weiter.« (S. 179) Zum Ende der Szene wird eben diese Oberflächennachahmung, welche die »realistischen Effekte« meinen, mit Betonung wieder aufgenommen: »Sehr naturalistisch wiederzugebende, sich oft wiederholende Befehle« (S. 182). Zum Bühnenbild der zweiten Szene heißt es mit jener bezeichnenden Unsicherheit, die sich zwischen ›Rea-

---

[5] Auch das Urteil der Bühnenaufführungen ist hier deutlich. Der fünfte Akt wurde immer nur stark gekürzt und in einem stilisierten Bühnenbild gespielt. Vgl. Mario Krüger u. a., Die Hochhuth-Welle. Dramaturgische Berichte über den ›Stellvertreter‹ von sieben Theatern, Theater heute 5 (1964), H. 4, S. 30–32; Siegfried Melchinger, Rolf Hochhuth, Velber bei Hannover 1967 (= Friedrichs Dramatiker des Welttheaters 44), S. 104–107.

lismus‹ und ›Surrealismus‹ undeutlich bewegt: »Das Bühnenbild ist durchaus gespenstisch traumhaft, könnte auch diese Wirklichkeit noch so ›real‹ vermittelt werden. Sparsame Andeutungen genügen« (S. 182). In der Bühnenpraxis sollen jedoch, wie die folgenden Vorstellungen zeigen, Ausschnitte des Lagers mit möglichst weitgehender historischer Treue abgebildet werden: »Den Hintergrund bildet das häufig fotografierte und heute (1959) noch unverändert erhaltene Torhaus, durch das die Züge mit den Häftlingen in Auschwitz einfuhren« (S. 182) In diesem ungeklärten Spannungsfeld bleiben alle weiteren Aussagen zur szenischen Präsentation; so steht der »Widerschein des Feuers«, »der nicht naturalistisch dargestellt werden darf« (S. 192), neben Carlottas Schreien als einem »Vorgang, so unverfremdet kreatürlich, so gänzlich unbezähmbar, daß er alles zerschlägt, was bisher versucht wurde, um die uns noch so nahestehenden Greuel der ›Endlösung‹ auf der Bühne zu entrücken, zu stilisieren.« (S. 225) Nicht nur die besondere Qualität des hier zu gestaltenden Stoffes begründet dieses Schwanken zwischen distanzierender Stilisierung und naturalistischer Schockwirkung, sondern die grundsätzliche Unangemessenheit einer Dramenstruktur, die im individualisierten Ausschnitt das Ganze einer Wirklichkeit zu erfassen glaubt, gegenüber geschichtlichen Vorgängen, die in Kategorien der Individualität nicht länger zu erfassen sind.

Mit der Variante zum fünften Akt scheint Hochhuth nicht nur das ästhetisch Mißlungene der ursprünglichen Fassung korrigiert zu haben, denn im Text der neugeschriebenen Regieanweisungen stehen plötzlich Einsichten, die sich auch als inhaltliche Kritik der bisherigen Voraussetzungen und ihrer Konsequenzen in der dramatischen Gestaltung erweisen: »Im Qualm der Endlösung konnte kein Opfer mehr zum Helden werden. ⟨...⟩ Riccardo verschwindet also für immer als bloße Nummer wie jeder andere. Um das noch zu unterstreichen, ist *er* zuerst abgetan – während seine Leidensgefährten noch so lange unsere Aufmerksamkeit erwecken können, bis auch sie hinaus und in die Anonymität gestoßen werden, gleich zu gleich, wie Briketts, auf ihren ›Materialwert‹ reduziert, sei es für eine Weile noch als Zwangsarbeiter, sei es als reine Devisenbringer (Schmuck, Textilien, Haare, Goldzähne) vor ihrer sofortigen Veraschung.«[6] Doch diese Einsicht – die weitere

---

[6] Rolf Hochhuth, Der Stellvertreter, Reinbek bei Hamburg 1967, S. 285f.

Entwicklung des Hochhuthschen Werkes beweist es – bleibt momentan und ohne Folgen.

Ansätze zu einer wirklich historisch-dokumentarischen Darstellung, zu einer ästhetischen Integration des Dokuments, finden sich erst ganz am Ende des fünften Aktes (S. 226f.). Die individuelle Handlung wird durch die weiterreichende geschichtliche Perspektive ergänzt und in den eigentlich gemeinten überindividuellen Zusammenhang gestellt durch die für die These des Stückes wichtige Konfrontation eines historischen Dokuments (über die äußerste Zurückhaltung des Papstes in der Judenfrage) mit einer faktischen Mitteilung über die weitere Geschichte und das Ende des Lagers. Montage macht die geschichtlichen Gegensätze und Tendenzen sichtbar, deren Erklärung und Auflösung dem Zuschauer überlassen bleibt, und überwindet damit die Geschlossenheit der vorgeführten individuellen Handlung. An dieser Stelle gewinnt das Stück einmalig auch strukturell jene epische Qualität einer offenen Dramaturgie, die allein den geschichtlichen Gehalt hätte ästhetisch realisieren können.

Geschlossene Form nach klassisch-idealistischem Vorbild, individualisierte Handlungsführung und naturalistische Ausmalung im Detail ergeben in ihrer Verbindung eine auf emotionale Wirkungen ausgehende Illusionsdramaturgie, die sich, den Intentionen des Autors folgend, als durchaus adäquates Transportmittel einer aus moralischer Empörung resultierenden Protesthaltung erweist.[7] Die bisher vorgetragene Kritik an der prinzipiellen Unangemessenheit der künstlerischen Form im Verhältnis zu ihrem geschichtlichen Gegenstand ist damit nicht zurückgenommen, muß aber noch durch einen weiteren Gesichtspunkt relativiert werden. Denn über die geschlossene Form hinaus geschieht epische Öffnung zur realen Geschichte durch die dokumentarische Tendenz des Stückes, durch die Fülle historisch beglaubigter und bekannter Fakten, Namen und Vorgänge, die in ihrer

---

[7] Eine solche Begründung der Dramaturgie gibt Rolf Christian Zimmermann, Hochhuths ›Stellvertreter‹ und die Tradition polemischer Literatur, in: Der Streit um Hochhuths ›Stellvertreter‹, Basel/Stuttgart 1963 (= Theater unserer Zeit 5), S. 137–169. – »Das empörte Herz rekurriert auf den konkreten Eindruck, der es verwundet hat, und versucht ihn wiederherzustellen, ihn zu objektivieren.« (S. 138) »Das Empörende soll vor Augen gestellt werden.« (S. 139)

Gesamtheit ein Verweisungspotential darstellen, das den vorgegebenen Rahmen sprengt. Doch bleibt dieses dokumentarisch-epische Element ein stoffliches, das in der Rezeption vorerst sicherlich dominiert, ohne eigentlich in die künstlerische Struktur umgesetzt zu werden. Indiz für diesen Mangel ist schon die Konzentration des Dokumentarischen in den Zwischentexten und dem Anhang der »Historischen Streiflichter«, die zur Einheit des zu lesenden Buches gehören, nicht aber zur Einheit des künstlerischen Modells.

Ein Gleichgewicht von illusionistischen und verfremdenden Elementen kann Hans Joachim Schrimpf nur deswegen behaupten, weil er sich auf den Gesamttext des Buches stützt: »Aber diese dramatisch-pathetische Illusionshandlung, die das sittliche und christliche Gewissen des Zuschauers zur Einfühlung und zum Mitleiden bewegt, ist einmontiert in eine Rahmen-Collage, die mit allen technischen Mitteln der Verfremdung und Illusionsbrechung die kritische Distanzhaltung des Publikums herausfordert ⟨...⟩. Die technischen Kunstmittel, deren sich Hochhuth dazu bedient, sind uns weitgehend von Piscator und Brecht her vertraut. Wie diese erstrebt er die epische Distanzierung durch Dokumentation und kritische Erläuterung: in die Szene eingeschaltete Kommentare, berichtende und reflektierende Einleitungen zu den Akten und Auftritten, die eine unmittelbare Verbindung zu den ›Historischen Streiflichtern‹ herstellen, persönliche Stellungnahmen des Autors, der sich in der ersten Person als Erzähler einführt und mit direkter Anrede an das Publikum wendet, Voraussagen, Zitation von historischen Quellen und Dokumenten, Charakteranalysen, in denen sich die auftretende Figur wie in einem Vexierspiegel bricht, Beschreibung von Photographien und Auszüge aus persönlichen Tagebüchern. Die Wirklichkeit außerhalb des Theaters – Vergangenheit, Gegenwart und Zukunft – ist durch den reflektierend anwesenden Erzähler stets präsent.«[8] Mit Piscator hat Hochhuths Werk strukturell wenig, mit Brecht nichts gemeinsam. Wo deren Dramaturgie Darstellung und Kommentar in der Struktur der Szene verbindet, fallen sie bei Hochhuth wider-

---

[8] Hans Joachim Schrimpf, Die Schaubühne als eine moralische Anstalt betrachtet. Zum politisch engagierten Theater im 20. Jahrhundert: Piscator, Brecht, Hochhuth, in: Untersuchungen zur Literatur als Geschichte. Festschrift für Benno von Wiese, hg. von Vincent J. Günther u. a., Berlin 1973, S. 559–578; Zitat S. 574.

sprüchlich auseinander. Im Hinblick auf diese Spaltung relativiert auch Schrimpf seine Behauptung, wenn er ausführt: »Die epische Struktur und didaktische Tendenz des Stücks machen es erforderlich, daß die erwähnten Signale und Kommentare in irgendeiner Form bühnenwirksam werden, sei es durch Transparente und Projektionen, durch Plakatierungen, Filme, auftretende oder verborgene Sprecher oder eingeblendete Tonbandstimmen.«[9]

Dieser Widerspruch als ästhetisches Mißlingen wird die Gültigkeit des Werkes zunehmend einschränken; er berührt indessen nicht den bedeutenden historischen Stellenwert des Dramas in der deutschen Literatur der Nachkriegszeit. Die Fakten einer verdrängten faschistischen Vergangenheit ins allgemeine Bewußtsein zu heben, bedeutete 1963 noch in jeder Form einen wichtigen Fortschritt. Künstlerische Mittel wie das naturalistische Detail und die illusionistische Spannungsdramaturgie hatten ihre Funktion in einer Wirkungsabsicht, die – mit Erfolg – auf unmittelbare Konfrontation bedacht war. Erst die rückblickende Analyse vermag jenes Ineinander von tendenziell Fortschrittlichem – dem Durchbruch des Geschichtlich-Dokumentarischen im Stoff – und Rückschrittlichem – der objektiv unzeitgemäßen Form – kritisch zu beschreiben. Wie sehr Erfolg und Wirkung des »Stellvertreters« an die Jahre seines Entstehens und Erscheinens geknüpft waren, zeigt nicht zuletzt der (freilich weniger an den Aufführungszahlen ablesbare) Mißerfolg der weiteren Werke Hochhuths, bei denen stofflich distanziertere Betrachtung die aus dem Grundwiderspruch herrührenden ästhetischen Mängel leichter erkennen konnte.

b) »Soldaten«

Die unterschiedslose Mischung von historischen und fiktiven Personen in illusionistischer Dramaturgie, wie sie den »Stellvertreter« auszeichnet, hat Hochhuth nicht wiederholt. Einzelne dramaturgische Differenzierungen lassen einen höheren Grad von ästhetischem Problembewußtsein erkennen, dessen gelingende oder scheiternde Umsetzung wieder am szenischen Detail zu untersuchen ist.

---

[9] Hans Joachim Schrimpf, Die Schaubühne als eine moralische Anstalt betrachtet, S. 575f.

In seinem zweiten Stück »Soldaten«[1] verwendet Hochhuth als Grundstruktur die Form des Spiels im Spiel, die mit ihrer explizit vorgeführten Brechung und Reflexion des Dargestellten eine wesentliche Möglichkeit bildet, um Fiktionalität und Wirklichkeitsbezug des Dargestellten in einem deutlich zu machen.[2] Daneben stehen noch weitere formale Signale der Fiktionalität, der bewußten ästhetischen Konstruktion, so die mit der Titelgebung ausgedrückte literarische Beziehung auf mittelalterliche und barocke Formen des Moralitätenspiels, des Welttheaters und Jedermann-Spiels: Der Rahmen »Everyman« umschließt den Haupt- und Binnenteil, das eigentliche historische Schauspiel mit dem Titel »Das Londoner kleine Welttheater. Drei Akte für neun Spieler«.[3] Diese distanzierende Formulierung scheint ebenfalls den Spielcharakter zu unterstreichen; im Rahmen des gesamten Stückes sind die drei Akte der Churchill-Handlung als Generalprobe zu einer Bühnenaufführung gedacht. Zu diesem formalen Ansatz gehört auch noch die Vorschrift, das Bühnenbild des »Welttheaters« in der Kathedrale von Coventry, dem Schauplatz des Rahmenspiels, aufgebaut zu zeigen; daran sollen »links und rechts gotische Maueroder Pfeilerreste während der ganzen Dauer dieses Spiels im Spiel erinnern« (S. 46).

Zu künstlerischer Durchformung und konsequenter Gestaltung ist dieser Ansatz jedoch nicht gelangt. Die Entfaltung seiner potentiellen strukturellen Bedeutung wird verhindert durch die ästhetische Gestaltung des Hauptteils, in dessen szenischer Präsentation eben jener doku-

---

[1] Rolf Hochhuth, Soldaten. Nekrolog auf Genf. Tragödie, Reinbek bei Hamburg 1967 (= Rowohlt Paperback 59). Alle Zitate im folgenden nach dieser Ausgabe.

[2] Vgl. dazu Reinhold Grimm, Spiel und Wirklichkeit in einigen Revolutionsdramen, Basis 1 (1970), S. 49–93. – Grimm behandelt Hochhuths Stück nicht, gelangt aber im Übergang von der immanenten Beschreibung zur Dialektik des Wirklichkeitsbezugs zu übertragbaren Formulierungen: »Das Spiel im Spiel verhält sich zum gesamten Spiel wie das gesamte Spiel zur Wirklichkeit« (S. 88); so kann die Potenzierung des Scheins in seine Aufhebung umschlagen: »Das Spiel im Spiel im Revolutionsdrama macht dessen Schein als Mittel bewußt.« (S. 88)

[3] Während der inhaltliche Bezug über das Moralitätenspiel gegeben ist, bleiben die Hofmannsthal-Reminiszenzen der Formulierung äußerlich. Vgl. Hans Mayer, Jedermann und Winston Churchill. Uraufführung der ›Soldaten‹ von Rolf Hochhuth in der Berliner Volksbühne, in: H. M., Vereinzelt Niederschläge. Kritik – Polemik, Pfullingen 1973, S. 127–136.

mentarische Naturalismus fortgeführt wird, wie er von Hochhuth im »Stellvertreter« entwickelt und seither nicht entscheidend modifiziert wurde. Psychologisierende Detailschilderung, die sich – trotz gegenteiliger Versicherung[4] – um Übereinstimmung mit dem historischen Vorbild bemüht, ereignet sich in einem Bühnenbild, dessen Beschreibung verrät, welche Auffassung von Widerspiegelung der Wirklichkeit hier mit zugrunde liegt. Der dominierende Imitations- und Illusionscharakter der Vorführung wird geradezu in seiner Plattheit entlarvt, wenn eine Vorschrift zum Bühnenbild des ersten Aktes »Das Schiff« lautet: »Auf das Flakgeschütz, das ›Duke of York‹ am Heck stehen hatte, ist zu verzichten.« (S. 50) An die mit der Gesamtstruktur gegebene Fiktion der Theateraufführung wird innerhalb der Binnenhandlung allenfalls dadurch erinnert, daß einige der Akteure bereits im Vorspiel außerhalb ihrer Rolle zu sehen waren – nicht aber, und dies ist bezeichnend, die historischen Protagonisten des Spiels im Spiel, vor allem nicht Churchill (S. 36). Offenbar soll der Illusionscharakter nicht durch die sichtbare Konstruktion und das akzentuierte Rollenspiel gefährdet werden. So sind von der ästhetischen Substanz her die drei Akte der Binnenhandlung nicht, wie es die äußere Form beansprucht, ein Spiel über historische Personen und Tatsachen, das aus der Distanz seine Bedeutung gewinnt, sondern eine schlechte Wiederholung von Geschichte, eine auf Identifikation und Emotion zielende Nachahmung von Vergangenem, Vortäuschung von realer, durch keine Vermittlung gebrochener Wirklichkeit. Bewußte Demonstration des Spiel-

---

[4] Inmitten der seitenlangen Anmerkungen, die sich um historische Rekonstruktion und psychologische Diskussion der realen Personen bemühen, erscheint isoliert jener auf äußerer Stilisierung bestehende Absatz, der angesichts der dramatischen Durchführung ein unverbindliches Postulat bleibt: »Hier ist nicht Wissenschaft, hier ist Theater, und dazu macht uns Mut allein, daß wir zwischen die Wirklichkeit, von der die Bühne in ihrem eigenen Organismus nie mehr als nur bescheidene Transplantate verarbeiten kann – daß wir zwischen die Geschichte und uns den *Akteur* stellen dürfen. Churchill legitimiert wie keine andere Figur des gegenwärtigen Theatrum mundi eine solche Stilisierung ⟨...⟩. ›Auf dem Welttheater zu spielen‹, das war Churchills existentielles Urverlangen. ⟨...⟩ So soll denn auch sein Bett hier, so wenig wie sein Schiff im ersten Akt kaschieren – betonen soll es wieder, daß wir im *Theater* sind.« (S. 97) Bezeichnend ist, daß die Stilisierung wiederum mit einer angeblichen psychischen Eigenschaft des historischen Churchill begründet wird.

charakters und Umsetzung der distanzierten Reflexion in die künstlerische Struktur als Entsprechung zum Gegenwartsbezug des Dargestellten fehlen völlig.

Diese Funktion soll für die Binnenhandlung der geschlossene Rahmen erfüllen. Ohne Zweifel wird durch die zweischichtige Konstruktion die gegenwartsbezogene Perspektive verdeutlicht, in deren Vermittlung das Vergangene zu sehen wäre. Doch fragt es sich, welches Gewicht die Teile des Stückes in der Gesamtwirkung erlangen, wenn sie, wie gezeigt, nur äußerlich und nicht mit struktureller Konsequenz aufeinander bezogen sind. Wieder setzt die ästhetische Gestaltung unabhängig vom Stoff Bedingungen für jede mögliche Realisierung des Gehalts und wird umgekehrt zum Indiz für inhaltliche Positionen. Das innerhalb der Fiktion als real vorgestellte Rahmenspiel wird, in merkwürdiger Verkehrung seiner strukturellen Bedeutung, in den entscheidenden Passagen gänzlich un-naturalistisch gestaltet, nämlich als perspektivische Entfaltung des Bewußtseins von Dorland, dem ehemaligen Bomberpiloten, ›Verfasser‹ und Mitakteur der Binnenhandlung. Deutlich sichtbar wird die perspektivische Strukturierung durch diesen Ideenträger, wenn sich die Ebenen von Zeit und Raum verschieben, Vergangenheit und Gegenwart sich in Erinnerung und Reflexion zusammenschließen. Expressionistische Lichtregie – das Auftauchen und Verschwinden einzelner Figuren im Scheinwerferkegel –, die aus der Erinnerung heraufsteigende Fotoprojektion der Toten von Dresden, die hier mehr symbolisch-assoziative als dokumentarische Bedeutung hat, die indirekt ans Publikum gerichteten Monologe, schließlich die offensichtlich allegorische Figur des Steinmetzen als des alter ego Dorlands – diese Bühnenmittel konstituieren ein Traumspiel, wie es auch in der Intention des Autors liegt: »Auch hier hängt nichts davon ab, ob dieses Everyman-Spiel real oder als Traum inszeniert wird: Figuren und Schauplätze in einem Gewissensprozeß sind genauso wirklich und gegenwärtig, wie wir sie nehmen und zulassen in uns. Sucht Dorland hier in Anlehnung an die Motive des überlieferten Everyman seine Gefährten auf, um Begleitung, um Rechtfertigung bei ihnen zu finden; ob er den rosenzüchtenden Air-Marschall oder den Sohn, der Städte-Tilgung projektiert, oder den Bildhauer *jetzt*, im Moment der Inszenierung, spricht: oder ob er das vor einem Jahr oder vor einer Woche getan hat und sich heute dessen nur erinnert, oder ob er das erst tun wollte: Erinnerungen, Vorhaben, Entwürfe, Selbstverhöre, Taten – das ist unwesentlich.

Dieser Sicht entspricht der Aufbau des Präludiums, dessen Szenerie ganz befreit ist vom Zwang des Zimmers und der Zeit. Die Komposition ist den Wegen unterworfen, die der Dialog geht – nicht umgekehrt. ⟨...⟩ Allenfalls ein Schleier – ein Gazevorhang – ist zuweilen zwischen Dorland und den lebenden oder schon verstorbenen Figuren seiner Inventur.« (S. 13)

Nicht die Konkretheit von Namen und Fakten stört in diesem Zusammenhang – sie stellen den Realitätsbezug des Traumspiels unmißverständlich her –, sondern (hier ästhetisch isolierte) naturalistische Elemente der auf unwesentliche Nebenpersonen gerichteten Handlungsführung, welche einzig die Funktion haben, diese im Grunde expressionistisch angelegte Szenenfolge auch als Vorbereitung zu einer Theateraufführung kenntlich zu machen.

Mit der Wirklichkeitsillusion spielt der Auftritt eines Schauspielers unter seinem bürgerlichen Namen (S. 42): Ein dramatischer Einfall, der in adäquater Setzung als umgreifendes Strukturmerkmal geeignet ist, die Grenze von Fiktion und Wirklichkeit zu verwischen und damit eine um so schärfere Reflexion dieser Grenze auszulösen,[5] wird freilich im zufälligen Kontext des mit betont fiktiven Elementen arbeitenden Rahmens zum nur äußerlich adaptierten Mittel, das seine Funktionalität niemals entfalten kann.

Die größte ästhetische Inkonsequenz aber bleibt die Diskrepanz

---

[5] Neuere Beispiele für den durchgehenden Verzicht auf formales Rollenspiel, so daß die Schauspieler zugleich ihre Darsteller sind, bieten Erwin Sylvanus mit dem Stück »Korczak und die Kinder« von 1957 (Erwin Sylvanus, Korczak und die Kinder. Jan Palach. Sanssouci. Drei Stücke, Frankfurt am Main 1973, S. 5–43), wo die Wendung gegen die Fiktion mit der dokumentarischen Tendenz des Erinnerns an geschichtliche Wirklichkeit zusammengeht, Martin Walsers »Wir werden schon noch handeln« von 1967 (Martin Walser, Gesammelte Stücke, S. 273–303), das ironische Anspielungen auf das dokumentarische Theater enthält, und Peter Handkes »Der Ritt über den Bodensee« von 1970 (Peter Handke, Der Ritt über den Bodensee, Frankfurt am Main 1971 [= edition suhrkamp 509]). Vgl. hier zum Verhältnis von Kunst und Wirklichkeit Herbert Kraft, Das Schicksalsdrama. Interpretation und Kritik einer literarischen Reihe, Tübingen 1974 (= Untersuchungen zur deutschen Literaturgeschichte 11), S. 117f.

von Rahmen und Spiel im Spiel (dessen Szenerie sich ganz dem »Zwang des Zimmers und der Zeit« unterwirft), da keine formal konsequente Durchführung der Rahmenstruktur erfolgt und der Rahmen damit eigentlich hinfällig wird. Die einzige Wirkung der Grundstruktur besteht in der – allerdings fast nur inhaltlich vorgetragenen – Verdeutlichung des Gegenwartsbezugs; der mit dem Rahmen gegebene unmittelbare moralische Appell entlastet die Haupthandlung zu einem Teil von aufdringlicher Programmatik. Die Möglichkeit der Rahmenstruktur, das Verhältnis von Fiktion und Wirklichkeit diskutierend darzustellen, ist nicht realisiert. Für das dokumentarische Theater im besonderen hätten hier die Aufnahme des geschichtlichen Dokuments und die Bedingungen der Aneignung und Bewältigung von Geschichte ästhetisch thematisiert werden können. Daß der Rahmen bei Hochhuth äußerlich bleibt, betont Walter Hinck auch im Rückblick auf die episierenden Zwischentexte des »Stellvertreters«: »Im Schauspiel ›Der Stellvertreter‹ (1962) erweitern sich Szenen- und Regieanweisungen zu detaillierten epischen und historischen Kommentaren. In den ›Soldaten‹ (1967) sorgen außerdem der Prolog und der Epilog für ein Rahmengeschehen, für die gleichzeitige Episierung und Aktualisation der eigentlichen dramatischen Handlung. Aber hier enthüllt sich auch die Unverträglichkeit verfremdender Elemente mit der Dramaturgie des idealistischen Geschichtsdramas, die auf Einfühlung und auf den inneren Mitvollzug der Entscheidungssituationen angelegt ist.«[6]

Gegenüber der weitgehend noch unreflektiert gesetzten stilistischen Einheitlichkeit des »Stellvertreters« scheint die mit den »Soldaten« eingeführte Differenzierung einen Fortschritt anzuzeigen, der im Ergebnis – dies belegt die nähere Untersuchung – jedoch nicht stattfindet. Mit der an die Gestaltungsprinzipien des »Stellvertreters« anknüpfenden szenischen Präsentation der Binnenhandlung dominiert, und zwar durch die historische Realität aller wichtigen Protagonisten noch verstärkt, die illusionistische Täuschung. Das Problem der ästhetischen Vermittlung von dokumentarisch belegter Wirklichkeit ist im Grunde nicht neu überdacht und nicht neu gestaltet.

---

[6] Walter Hinck, Von der Parabel zum Straßentheater. Notizen zum Drama der Gegenwart, in: Gestaltungsgeschichte und Gesellschaftsgeschichte, hg. von Helmut Kreuzer, Stuttgart 1969, S. 583–603; Zitat S. 598.

c) »Guerillas«

Hochhuths drittes Stück, »Guerillas«,[1] weist nur noch eine fiktive Handlung mit fiktiven Personen auf. Das Dokumentarische beschränkt sich auf die genaue historische Lokalisierung und faktische Ausfüllung von Handlung und Dialog und, wie in den früheren Stücken, auf den Anmerkungs- und Verweisungsapparat der umfangreichen Zwischentexte. Schon von diesen äußeren Gegebenheiten her kann »Guerillas« nur in noch eingeschränkterem Sinne als Hochhuths vorausgegangene Stücke zum dokumentarischen Theater gerechnet werden. Untersuchenswert ist es in diesem Zusammenhang als weitere Stufe innerhalb der Entwicklung von Hochhuths dramatischem Werk, die vom hier erreichten Stand aus nochmals neue Akzente erhält.

Ein entscheidender Umschwung scheint sich mit der Tragödie »Guerillas« vollzogen zu haben: An die Stelle der Reproduktion des Vergangenen ist die Projektion des Künftigen und Möglichen getreten. Der Autor selbst erläutert in seinem Vorwort: »Politisches Theater kann nicht die Aufgabe haben, die Wirklichkeit – die ja stets politisch ist – zu *reproduzieren*, sondern hat ihr entgegenzutreten durch *Projektion* einer neuen. ⟨...⟩ Mag es für den Film legitim sein, Geschichte zu reproduzieren – eine Aufgabe des Dramas ist, sie als *Idee* vorwegzunehmen, abstrahiert. Zu viele Stücke suchen Geschehnisse nachzuspielen; dies spielt eines vor.« (S. 20) Wieweit hier eine Distanzierung vom dokumentarischen Theater, ja von den eigenen früheren Stücken vorliegt, sei vorerst dahingestellt; deutlich ist jedenfalls die Tendenz zur Realisierung äußerster, nämlich von der Zukunft her bestimmter, Gegenwartsbezogenheit. Der als Vermittlung von Vergangenheit und Gegenwart gedachte Rahmen der »Soldaten« ist gleichsam ausgeweitet zur alleinigen, als gegenwärtig vorgestellten Handlung. Das auf Handeln in der Geschichte bezogene moralische Postulat, das im »Stellvertreter« und in der Binnenhandlung der »Soldaten« vorwiegend aus der Negation der erinnerten Geschichte zu erschließen ist und im Rahmen der »Soldaten« als positives Programm erscheint, wird nun im szenischen Vorbild ausgeführt.

---

[1] Rolf Hochhuth, Guerillas. Tragödie in 5 Akten, Reinbek bei Hamburg 1970. Alle Zitate im folgenden nach dieser Ausgabe.

45

Diese neue Begründung der dramatischen Handlung hat allerdings zu keiner Veränderung der formalen Präsentation geführt. Mit seltener Einheitlichkeit dominiert das naturalistische Darstellungsprinzip, wie es im Detail der anderen Werke nachgewiesen ist. Keine szenisch vermittelte Reflexion über das Spiel durchbricht die illusionistische Einschichtigkeit. Doch verschiebt sich mit dem Vorbildcharakter des fiktiven Stoffs notwendig die Funktion dieses dramatischen Naturalismus. Nicht länger soll die Wirklichkeit des Vergangenen dadurch bekräftigt werden, sondern die Wahrscheinlichkeit des im Vorgriff auf die Zukunft als gegenwärtig Dargestellten. Die wirkungsästhetischen Intentionen dieser Dramaturgie freilich haben sich nicht geändert: Personengestaltung und Handlungsführung sind auf die Erregung von handfesten Emotionen hin angelegt, Identifikation ist angestrebt, um moralische Gleichgestimmtheit in Empörung und Protest zu bewirken. Die Spannungs- und Überraschungseffekte sind mehr noch als bisher den Schemata der Trivialliteratur, hier besonders des Kriminal- und Agentenromans, nachgestaltet.[2] Solche Vermittlung mag dazu geeignet scheinen, den politischen Appell in leicht rezipierbarer Form und mit breitester Wirkungsmöglichkeit zu transportieren – dagegen muß Kritik, die nicht allein nach dem ›Inhalt‹ fragt, darauf bestehen, daß progressiver Gehalt (dieser ist für die »Guerillas« keineswegs vorausgesetzt) nicht in einer ästhetischen Fassung enthalten sein kann, die weit hinter den technischen Entwicklungsstand der Entstehungszeit zurückfällt. Ästhetisch vermittelte politische Bedeutung realisiert sich in der künstlerischen Struktur, die letztlich über den geschichtlichen Standort und die Parteinahme des Werkes entscheidet. In »Guerillas« erzeugt ein nur noch pseudo-dokumentarisch zu nennender Naturalismus eine nicht überprüfbare und nirgends relativierte Illusion von Wirklichkeit, die lediglich formaler Ausdruck einer allzu selbstsicher auch für allgemein verbindlich gehaltenen Auffassung von Wirklichkeit und Geschichte ist.

Dabei gibt es auch hier wiederum äußerlich adaptierte Elemente epischen Theaters, die indessen als bloße Einsprengsel in einem einschichtig konstruierten Bühnenvorgang nicht zur Geltung kommen. Es sind die Szenen auf der »Vorbühne«, die formal durch eine beschränkte

---

[2] Die Trivialisierung der gesamten Dramaturgie beschreibt zutreffend Henning Rischbieter, Der Fall Hochhuth. Über sein neues Stück ›Guerillas‹ und die Stuttgarter Aufführung, Theater heute 11 (1970), H. 6, S. 14f.

Ausstattung mit Requisiten und durch Schrifttafeln, die Lokalität oder Situation angeben, ausgezeichnet sind. Inhaltliche Sonderstellung haben sie dadurch, daß sie in streiflichtartigen Kurzszenen signifikante Ausschnitte aus dem historischen Hintergrund bieten; zum Teil auf dokumentarischer Basis gearbeitet, sind sie zum Teil aber auch frei erfunden (nach der Intention des Autors stellen sie lediglich szenische Verbildlichungen zwar unbewiesener, aber als gesichert angesehener Tatbestände dar). Mit der Haupthandlung stehen sie nicht unmittelbar aktionell, aber oft personell in Verbindung. Mit diesen Szenen hätte, bei konsequent differenzierender Gestaltung, eine echte strukturelle Zweischichtigkeit erreicht werden können: die Konfrontation des in epischer Beschreibung gebotenen negativen historischen Befundes mit dem in der dramatischen Haupthandlung modellhaft vorgeführten Lösungsvorschlag. Wieder ist diese Möglichkeit nicht realisiert, indem auch in den Vorbühnenszenen historische Fakten und fiktive Ergänzung, Gesichertes und Ungesichertes, Vergangenes und Zukünftiges ungeschieden ineinander übergehen. Wieder kommt eine ästhetisch potentiell bedeutsame Struktur wegen der anders gerichteten Tendenz des Werkes nicht zur Entfaltung.

d) Die Einheitlichkeit von Hochhuths dramatischem Werk

Wie die genauere Betrachtung gerade der scheinbaren Abweichungen gezeigt hat, weisen die dramatischen Werke Hochhuths (selbst die Komödien könnten diesen Befund noch bestätigen[1]) eine ästhetische Einförmigkeit auf, die sich trotz verschiedener weiterführender Ansätze im Ergebnis immer behauptet. Solch ungebrochene Einförmigkeit zeugt letztlich von der Einheitlichkeit und Kontinuität der geschichtlichen Aussage, die – in Anbetracht der objektiv rückständigen Form –

---

[1] Die beiden Komödien »Die Hebamme« (in: R. H., Die Hebamme. Komödie – Erzählungen/Gedichte/Essays, Reinbek bei Hamburg 1971, S. 99–302) und »Lysistrate und die NATO« bringen nach den »Guerillas« keine dramatischen Neuerungen mehr; fiktive Handlungen vor einem dokumentarisch angereicherten Hintergrund, unterscheiden sie sich als ›Komödien‹ nur dadurch, daß vorbildhafte Einzelleistungen im oppositionellen Detail-Reformismus als geglückt dargestellt werden.

selbst auf ihre Rückständigkeit und geschichtliche Überholtheit zu prüfen ist. Diese Frage wird nicht durch das inhaltlich Formulierte entschieden, sondern durch die, vielleicht widersprüchliche, Einheit von subjektiver politisch-moralischer Intention und objektiver Bedeutung der Form als des Substrats geschichtlich-gesellschaftlicher Verhältnisse. Hochhuths dramatische Gestaltung widersetzt sich – mit der bedeutsamen Ausnahme des dokumentarischen Elements – der Rezeption jenes technischen Entwicklungsstandes, den politisches Theater im 20. Jahrhundert durch bewußte Auseinandersetzung mit der literarischen Tradition und den Bedingungen der Gegenwart erreicht hat. Scheint sie so nur bedingt geeignet, spezifisch politisches Bewußtsein zu vermitteln, ist politische Relevanz damit nicht ausgeschlossen.

Entscheidend ist auf der hier untersuchten Ebene der Illusionscharakter in seiner Ambivalenz und Widersprüchlichkeit, die sich erst im geschichtlichen Wandel erkennbar entfalten. Bei unmittelbar gegebener politischer Aktualität verstärkt die mit illusionistischer Vorführung verbundene Identifikation die kritische Wirkung in Einheit mit dem Inhaltlich-Stofflichen. Wenn das Faktische der Vergangenheit auch ohne deutende Vermittlung in seiner gegenwärtigen Relevanz erkennbar ist, mag die Wiederholung durch das einfache Zitat, durch die reproduzierende Handlung ausreichend scheinen – andererseits jedoch ist ästhetische Vermittlung, wird eine derartige Aussage- und Überzeugungskraft der Fakten vorausgesetzt, für überflüssig erklärt. Obwohl sich Hochhuth gerade von einer solchen Position ausdrücklich absetzt,[2] bleiben Fakten und Dokumente in seiner dramatischen Form

---

[2] Wirklichkeit und Wirksamkeit der Fakten werden von Hochhuth zunehmend geringer bewertet. Im »Stellvertreter« heißt es noch, »daß der Verfasser des Dramas sich die freie Entfaltung der Phantasie nur soweit erlaubt hat, als es nötig war, um das vorliegende historische Rohmaterial überhaupt zu einem Bühnenstück gestalten zu können. Die Wirklichkeit blieb stets respektiert, sie wurde aber entschlackt.« (S. 229) Gleichzeitig gilt die Dramatisierung als »Versuch, durch den Schutt und die Zufälligkeiten der sogenannten historischen Tatsachen zur Wahrheit, zum Symbol vorzustoßen« (S. 229). In den »Soldaten« erscheint als dokumentierbar nur noch der »Schutt gewisser Tatsachen« (S. 94), der die Darstellung nicht mehr entscheidend bestimmt, in den »Guerillas« ist die Aufgabe ähnlich, aber so zugespitzt formuliert, daß die Tendenz zu einer eigentümlichen Geschichtslosigkeit immer deutlicher hervortritt: »Geschichtliche Konstanten zu suchen, denen man den Dokumentenschutt zuordnet, an-

weitgehend unkommentiert. Sie erfahren zwar durch das ›Ideengerüst‹ der Handlung und den Mund der ›Ideenträger‹ eine oft ausführliche moralische Bewertung, nicht aber eine historisch-politische Analyse. Die hierzu notwendige Distanz einer geschichtlichen Perspektive, die sich auf andere als nur individuelle Kategorien gründet, ist nicht möglich im zeitlich und räumlich einschichtigen Aufbau der illusionistisch geschlossenen Bühne und in einer Handlung, die – dem Bühnenrahmen durchaus gemäß – Begründung und Ziel ausschließlich im individuellen (moralischen) Handeln hat.

Die progressive Funktion der durch Illusion bewirkten Identifikation, also die Erregung und Bestätigung parteilicher Stellungnahme, ist geschichtlich eng an ein Publikum gebunden, dessen Rezeptionshaltung der Intention des Autors in zeitgenössischer Gleichgestimmtheit entgegenkommt. Fehlt diese Voraussetzung, die schon bei geringer historischer Distanz verlorengehen kann, schlägt die Identifikation um in die völlige Trennung vom dramatisch Dargestellten, in die Unmöglichkeit, Beziehungen zur je eigenen Wirklichkeit zu sehen und zu werten. Der dokumentarisch begründete illusionistische Ausschnitt bleibt Ausschnitt, der historisch genau lokalisiert ist und seinen exemplarischen Charakter damit verliert; die Geschlossenheit der Bühne bedeutet dann die Geschlossenheit der Vergangenheit, die als nicht wiederholbar und nicht revidierbar zurückliegend erscheint. Der Gegenwartsbezug des geschichtlichen Zusammenhangs verblaßt; Kritik, die, an der Vergangenheit entwickelt, die Gegenwart auch unter veränderten Bedingungen trifft, kann nicht realisiert werden, wenn sie nicht in der Struktur der Stücke angelegt ist.

Die Gefahr der Vergangenheitsfixierung illusionistisch gearbeiteten dokumentarischen Theaters scheint Hochhuth früh bemerkt zu haben:

---

statt umgekehrt vorzugehen« (S. 10) – und: »Diesem Versuch liegt das Gesetz zugrunde, daß Wirklichkeit in sich selber immer langweilig ist, nämlich nur Stoff – erst ihre Überwindung durch Phantasie, das heißt: ihre Benutzung durch eine Idee, gibt ihr Transparenz und Feuer. ⟨...⟩ Dabei wurde die Realität auf ihren Symbolwert entschlackt; so wenig wie ihre Sprache sind die Menschen, die hier agieren, naturalistisch abgehorcht und gesehen – sie sind Ideenträger.« (S. 20) – Die durch den Wortlaut belegte Konstanz der Entwicklung wie ihre Steigerung lassen sich hier ablesen; ihre Konsequenzen werden in der Zusammenfassung noch deutlicher darzustellen sein.

dafür sprechen der Rahmen der »Soldaten« und die Lokalisierung der fiktiven Handlung in der Gegenwart oder der noch unmittelbar aktuellen jüngsten Vergangenheit in den »Guerillas« und den beiden Komödien. Die Gefahren der Form sind damit aber keineswegs gebannt, denn entscheidend ist nicht die historische Fixierung an ein vergangenes Ereignis, sondern die Beschränkung auf den Umkreis des faktischen Beispiels, die detaillierte Ausbreitung des Besonderen statt der Durchleuchtung auf das Allgemeine hin – für Hochhuths mit politisch-gegenwärtigem Anspruch geschriebene Stücke: auf die Basis der gesellschaftlichen Verhältnisse hin. Und sogar dort, wo räumlich und zeitlich die Gegenwart des Zuschauers auf der Bühne erscheint, wie in der »Hebamme«, konzentriert sich das kritische Interesse auf einen Einzelfall, dessen ästhetische Präsentation moralisches Engagement im Detail und gleichzeitig Distanzierung von weiteren politischen Konsequenzen erlaubt; das zeitgeschichtliche Beispiel wird vereinzelt dargeboten, die potentiellen Verweisungsbezüge werden nicht entfaltet. Wo der Wirklichkeitsausschnitt keine ästhetische Modellfunktion erhält und damit wesentlich Ausschnitt innerhalb des nicht Erkannten und nicht Gestalteten bleibt, wo das Detail nicht das Ganze in Frage stellt, fällt ihm affirmative Wirkung zu. Die Untersuchung der möglichen Modellfunktion wird diesen aus der ästhetischen Präsentation allein abgeleiteten Befund erhärten und auf ihre Weise darlegen, daß ästhetische Gestaltung, die ihre eigene Geschichtlichkeit nicht reflektiert, keine kritische Erkenntnisfunktion im geschichtlichen Prozeß behalten kann.

3. Montage des Zitats: Peter Weiss

Die bei der Diskussion des dokumentarischen Theaters entscheidende Frage nach dem Illusionscharakter und der Oberflächenfixierung bloßer Rekonstruktion stellt sich bei den dokumentarischen Werken von Peter Weiss kaum noch in derselben Weise wie bei den Stücken Kipphardts und Hochhuths. Grund ist der weitgehende Verzicht auf dramatische Handlung als Abbildung historisch wirklicher Handlungen: Dokumente werden nicht mehr – gleichsam in Umkehrung ihrer Entstehungsgeschichte – in Handlung umgesetzt, sondern werden als Dokumente zitiert. Dokumentarisches Theater konstituiert sich so als potenzierte Reflexion historisch realer Vorgänge, wenn diese nicht unmittelbar, sondern in der Vermittlung und Spiegelung durch das sprachliche Dokument reflektiert werden. Das Prinzip der (notwendig immer mit fiktiven Elementen durchsetzten) Rekonstruktion weicht dem in erkennbarer ästhetischer Vermittlung gebotenen Zitat. Wo Rekonstruktion durch sinnliche Vergegenwärtigung Geschichte in ihrer jeweiligen Aktualität verdeutlichen möchte, zugleich aber Gefahr läuft, der schlechten Illusion zu verfallen, also Fiktion als Wirklichkeit auszugeben und damit jeder Wirklichkeit verlustig zu gehen – da markiert das Zitat deutlich die Grenze von Fiktion und Wirklichkeit und hebt sie zugleich auf, indem es als Übernahme aus einem anderen Bereich gekennzeichnet ist: der Verweisungscharakter ist dem Verfahren immanent. Eine zitierende Grundstruktur dokumentarischen Theaters, und dies gilt auch für nicht-sprachliche Zitate, bezieht demnach Distanz und Reflexion in das ästhetische Verfahren immer schon ein, konstituiert gerade damit Authentizität der Darstellung, Gültigkeit und Überzeugungskraft der geschichtlichen Fakten, und legt, in Hinblick auf die mögliche Rezeption, auch Bedingungen für die weitere Vermittlung und Wirkung fest.[1]

Durch die doppelte Funktion und Ausrichtung des Zitats sind solche Werke in strengerem Sinne dokumentarisch als die Rekonstruktion historischer Vorgänge. Reinhard Baumgart weist, auch im Vergleich von Hochhuth und Weiss, auf den Dokumentarismus des sprachlichen Materials hin: »Ob der Handlungsrohstoff einer Geschichte, eines Stückes verbürgt ist oder nicht, sagt über ihr Wirklichkeitsverhältnis fast nichts. 〈...〉 Wenn also der Begriff dokumentarische Literatur ein neues Verhältnis zu den Gegenständen meinen soll, statt nur nach der Herkunft der Stoffe zu fragen, dann muß er sich auch und gerade auf das Material im Detail, auf die Sprache beziehen. 〈...〉 Hier, so kommt mir vor, arbeitet Literatur schon wie Film, da erscheint auch ihr eine Wirklichkeit konkret und unmittelbar, allerdings eine sekundäre, sprachlich schon verarbeitete Wirklichkeit. Um der Deutlichkeit zuliebe zu übertreiben: Sprache setzt hier keine Fiktionen mehr, sie besteht aus Fertigteilen, diese collagieren sich zum Muster.«[2] Die hier angesprochene Unmittelbarkeit ist nicht als reflexionslose Reproduktion mißzuverstehen; auch Baumgart verweist auf die Produktion von Zusammenhängen durch Schnitt und Montage aus den Sprachdokumenten.

---

[1] Eine Deutung des Gesamtwerks von Peter Weiss unter dem Gesichtspunkt der Collage – verstanden auch als Montage des Zitats – gibt Manfred Karnick, Peter Weiss' dramatische Collagen. Vom Traumspiel zur Agitation, in: G. Neumann, J. Schröder, M. Karnick, Dürrenmatt – Frisch – Weiss. Drei Entwürfe zum Drama der Gegenwart, München 1969, S. 115–162. Karnick entgeht nicht immer der Gefahr, die surrealistischen Anfänge, weil sie das Prinzip der Collage begründen, als Komponenten des späteren Werkes überzubewerten und gegen die geschichtliche Entwicklung eine am Formalen ablesbare subjektive Einheit des Werkes zu konstruieren. Neben qualitätvollen Einzelinterpretationen kommt es so auch zu unscharfen Zusammenfassungen: »Peter Weiss' Drama spielt das Spiel von der Unfreiheit des Menschen und von dem Kampf um seine Befreiung, von der Verunsicherung und von der Veränderung der Welt.« (S. 143) – Die Zitatmontage in den späteren Werken wird exakt in ihren agitatorischen Möglichkeiten beschrieben, nicht aber in ihrer Bedeutung für die Ästhetik des dokumentarischen Theaters.

[2] Reinhard Baumgart, Aussichten des Romans oder Hat Literatur Zukunft? Frankfurter Vorlesungen, München 1970, S. 51.

a) »Die Ermittlung«

Aus den im fünften Akt des »Stellvertreters« als Problem formulierten, ästhetisch aber nicht eingelösten Bedenken, was die Darstellbarkeit
von Auschwitz auf der Bühne angeht, sind mit der »Ermittlung«[1] die
Konsequenzen gezogen: jene Realität kann durch keine noch so modi-
fizierte Abbildung der Oberfläche ästhetisch vergegenwärtigt werden,
jedes imitierende Verfahren muß hier an seiner prinzipiellen Unangemessenheit scheitern. Ästhetische Präsentation ist nur noch möglich in
der Vermittlung des Erinnerns und Berichtens. Mit dem Frankfurter
Prozeß als realer Grundlage des dokumentarischen Theaterstücks »Die
Ermittlung« war diese Gestaltungsmöglichkeit vorgegeben, die Werk-
struktur selbst ist damit in einem spezifischen Sinne ›dokumentarisch‹
begründet. Mit dem realen Prozeß war ebenfalls vorgeformt, was sich
bei weniger vermittelten Darstellungsverhältnissen in dokumentarischer Technik ästhetisch nur bedingt realisieren läßt: die Hereinnahme
der Vergangenheit in die Gegenwart, die Konfrontation von damali-
gem und heutigem Bewußtsein. »Die Ermittlung« ist damit nicht allein
und nicht einmal vorrangig ein Stück über Auschwitz, sondern über
Auschwitz in unserer Gegenwart, über unsere Gegenwart, wie sie sich
in ihrem Verhältnis zu Auschwitz darstellt – im allgemeinen Sinne gilt
diese Forderung geradezu als bedingendes Kriterium für jedes Kunstwerk als Objektivation fortgeschrittenen Bewußtseins in der Gegenwart, im besonderen Sinne meint diese Aussage die Leistung der in der
»Ermittlung« bewußt gewählten und in ihren ästhetischen Potenzen
zur äußersten Bedeutungsrelevanz entwickelten Form. Zu deren Entstehung und Gehalt heißt es zutreffend in den Anmerkungen der
»Kursbuch«-Redaktion zu den im Juni 1965 erschienenen »Frankfurter
Auszügen«,[2] jener werkgeschichtlich bedeutsamen Vorstufe zur »Ermittlung«: »Die ›Frankfurter Auszüge‹ von Peter Weiss erheben weder
den Anspruch, ein Werk der Literatur, noch den, ein Dokument im
strengen Sinn dieses Wortes zu sein. Weiss hat die Verhandlungen des
Auschwitz-Prozesses im Frühsommer 1964 besucht und darüber an
Hand von stenographischen Notizen ein Gedächtnisprotokoll verfaßt,

---

[1] Peter Weiss, Die Ermittlung. Oratorium in 11 Gesängen, in: P. W.,
Dramen 2, Frankfurt am Main 1968, S. 7–199. Alle Zitate im folgenden
nach dieser Ausgabe.
[2] Peter Weiss, Frankfurter Auszüge, Kursbuch 1 (Juni 1965), S. 152–188.

das sich von einer Tonbandaufnahme in doppelter Hinsicht unterscheidet. Zunächst ist sein Text, wie der Titel ›Auszüge‹ sagt, das Ergebnis einer Wahl. Zweitens hat sich das Gehörte im Bewußtsein des Schriftstellers verändert. Diese Veränderung ist nicht das Resultat eines absichtlichen Eingriffs. Wie jeder Zeuge – also auch die Zeugen, die vor Gericht auftreten – hat Peter Weiss versucht, zu verstehen, was er gehört hat, und damit das Gehörte formalisiert. Die ›Frankfurter Auszüge‹ handeln also von drei Vorgängen: dem, was in Auschwitz, dem, was in Frankfurt, und dem, was in einem Mann vorgegangen ist, der in Frankfurt war.«[3] Die in der Formulierung des letzten Satzes zu Recht hervorgehobene individuelle Perspektive wird mit der ästhetisch durchstrukturierten »Ermittlung« im geschichtlichen Gehalt des Werkes aufgehoben, der sich konstituiert in der künstlerisch realisierten und durch kritische Reflexion vollzogene Vermittlung von Vergangenheit und Gegenwart. Der aktuelle Anlaß des Frankfurter Prozesses hat diese Vermittlung der künstlerischen Transformation vorgebildet, indem er in die Vergangenheit zurückführte und zugleich die Gegenwärtigkeit dieser Vergangenheit erwies.

Im ästhetischen Verfahren der »Ermittlung« wird auch nicht, wie oberflächliche Betrachtung meinen könnte, der Prozeß als solcher abgebildet.[4] Dies geschieht noch zum Teil in Kipphardts Oppenheimer-Stück, das – bei allen selbstverständlichen Änderungen von Äußerlichkeiten – auf einer Ebene der Dramaturgie als Nachahmung der Wirklichkeit angelegt ist. Um der Gefahr illusionistischer Rückwendung statt aktualisierender Kritik beim Zuschauer zu begegnen, ist, wie gezeigt, eine zweite Ebene mit verfremdenden Elementen in die Struktur eingelassen. Bei der »Ermittlung« ist die Grundkonstellation der Szene zwar noch dem Prozeß nachgebildet, die Stilisierung in der ästhetischen Umsetzung ist jedoch so weit durchgeführt, daß der Prozeß sich zum »Oratorium« wandelt: Der Untertitel verweist stimmig

---

[3] Anmerkungen der Redaktion ⟨zu den »Frankfurter Auszügen«⟩, Kursbuch 1 (Juni 1965), S. 202.

[4] Auch in der Vorbemerkung zum Stück heißt es über mögliche Inszenierungen: »Bei der Aufführung dieses Dramas soll nicht der Versuch unternommen werden, den Gerichtshof, vor dem die Verhandlungen über das Lager geführt wurden, zu rekonstruieren. Eine solche Rekonstruktion erscheint dem Schreiber des Dramas ebenso unmöglich, wie es die Darstellung des Lagers auf der Bühne wäre.« (S. 9)

auf die Eigenart der künstlerischen Gestaltung, die ihre Substanz und Wirkung allein in der Konzentration auf die sprachliche Formung hat und die äußere Handlung auf ein Minimum reduziert, wenn nicht fast ganz eliminiert.[5] Damit sind aus den Bedingungen des dokumentarischen Materials und des zitierenden Verfahrens strengere Konsequenzen gezogen als in Kipphardts Oppenheimer-Stück, das die Zitatmontage noch nicht als einzige Grundlage des Werkes einsetzt. Die Tendenzen der sprachlichen Bearbeitung – gegenüber den Dokumenten Verzicht auf individuelle Differenzierung und Exaktheit im Detail – sind bereits mehrfach beschrieben worden;[6] das Ergebnis dieser Bearbeitung – weitgehende Einheitlichkeit und Unpersönlichkeit der Sprache – bedeutet Abstraktion des Einzelfalls auf seine geschichtlichen Hintergründe hin und verbietet bereits von der Form her eine entlastende Reduzierung auf einen angeblich individuellen Charakter der erinnerten Handlungen und Geschehnisse.[7] Die in der stilisierten Zitat-

---

[5] Vgl. dazu das Kapitel »Die Spannung zwischen Titel und Untertitel« bei Erika Salloch, Peter Weiss' ›Die Ermittlung‹. Zur Struktur des Dokumentartheaters, Frankfurt/M. 1972, S. 42–46. – Über die Sammlung des feststellbar Faktischen hinaus enthält die Arbeit wenig gültige Ergebnisse, da sie im allseitigen Vergleichen und Zitieren – und in der weitgehenden Eliminierung alles Politischen – das Spezifische ihres Gegenstands nicht zu bestimmen vermag. Der Versuch allgemeiner Zusammenfassungen gerät zu nichtssagenden Formulierungen: »Die Zeitenwende und die damit verbundene Vernichtung der Werte ist ein Hauptthema in allen Schriften von Weiss.« (S. 48)

[6] Die ausführlichste Einzeluntersuchung bietet hier Erika Salloch, Peter Weiss' ›Die Ermittlung‹, S. 73–86 und S. 127–141.

[7] Bedenkenswert sind die Argumente, mit denen Heinrich Vormweg die dramatische Form an sich hier als unangemessen kritisiert: Weiss »habe die Bedingungen und Möglichkeiten des Zitats nicht hinreichend erkannt. In diesem Fall schloß die Notwendigkeit, die Vorlagen wortwörtlich zu nehmen, weil vor dem, was sie mitteilten, alle gestalterischen Absichten hilflos wurden, die dramatische Form als eine sekundäre Form im Grunde aus. Das einzige, was dem Schriftsteller bei schärferem Zusehen hier blieb, war, die Worte vorzuzeigen, in denen der grauenhafte, aller Bewältigung und Sinngebung für immer entzogene Sachverhalt Auschwitz gespeichert war. Indem Weiss versuchte, sie auf der Bühne vorzeigen zu lassen, geriet er unter den Zwang, sie zu personalisieren, sie in Figuren, einzelnen Menschen zu konkretisieren. Das Ergebnis konnte nur inkonsequent erscheinen angesichts der totalen Gesichtslosigkeit der Sachverhalte, in denen die Person, das Individuum ja gerade vernichtet worden war.« (Heinrich Vormweg, Die Wörter und die Welt. Über neue Literatur, Neuwied und Berlin 1968, S. 107.) – Die Gefahr der Personalisierung hat Weiss erkannt

montage wirksame Verfremdung schafft Distanz von der historischen Einmaligkeit und erlaubt eben dadurch keine falsche Distanzierung von dem verhandelten Fall als einem historisch isolierten und damit eigentlich unerklärbaren Ereignis. Sinnlich vergegenwärtigte Vergangenheit ist am Ende leichter abzutun als in der Sprache gegenwärtiges Bewußtsein. Solches formuliert die »Ermittlung«: In den zitierten Berichten und Äußerungen wird Vergangenheit erinnert und werden Reaktionen der Gegenwart zur Sprache gebracht. Die stilistische Monotonie, die Starrheit der Wiederholung insistieren auf der Permanenz des Prozesses als Ausdruck eines Bewußtseins, das noch keine Ablösung der zitierten Ereignisse und Haltungen durch den Geschichtsverlauf erkennen kann. Um des Verstehens und Erklärens, der Ziele der Gestaltung, willen werden die Zitate neu gegeneinandergestellt; in der Montage erweitert sich ihre Funktion, indem die ohnmächtige Erinnerung durch bewußte Kritik ergänzt und überwunden wird. Das montierte Zitat konstituiert die Bedeutung des ästhetischen Produkts; dessen eigene Funktion und Leistung wird begründet durch die Differenz zum nur reproduzierenden Zitat als einer verständnislosen Wiederholung der Wirklichkeit. Zurückzuweisen sind deshalb die Einwände Otto F. Bests: »Dokumentarisches Theater wäre im Falle ›Ermittlung‹ fast nahtlos zu verwirklichen gewesen. Dem steht jedoch entgegen einmal die äußere Form des ›Oratoriums‹ mit Gesängen, freien Versen, dem künstlerischen Aufputz, s. v. v., zum andern der alles andere als erhellend-aufklärende Schluß, der die Wucht des demonstrierten und für sich selbst sprechenden Prozesses durch heilsweisende Agitation entwertet.«[8] Hier wird verkannt, daß eben die ästhetisch markierte

---

und durch weitgehende Abstraktion von aller herkömmlichen Dramaturgie entscheidend reduziert. Die Bearbeitung des Materials zur Realisierung der kritischen Perspektive bedeutet keine – tröstlich verstandene – ›Sinngebung‹ und wendet sich gegen jene ›Bewältigung‹, die in der Unverständlichkeit des Einmaligen verharrt. Im übrigen bietet die »Ermittlung«, wenn auch nicht ausschließlich, eben das, was Vormweg in der Nachfolge Heißenbüttels fordert, nämlich die Dokumentation gesellschaftlich geprägter Sprache, die ohne weitere Bearbeitung in sich Erkenntnisfunktion hat.

[8] Otto F. Best, Peter Weiss. Vom existentialistischen Drama zum marxistischen Welttheater. Eine kritische Bilanz, Bern und München 1971, S. 141. – Vom gleichen Unverständnis zeugt die Fortführung der Argumentation: »Mit der ›Ermittlung‹ werden bereits die Grenzen erkennbar, die einem

Differenz zum wirklichen Prozeß das dokumentarische Werk legitimiert und ihm eine selbständige Funktion zuweist.

In diesem Zusammenhang ist auch dem Vorwurf, Werke wie die »Ermittlung« hätten bloße Surrogatwirkung, kritisch zu begegnen. So nannte Urs Jenny 1966 die mögliche Wirkung politisch-dokumentarischen Theaters eine Illusion: »Die Aufgabe ist die eines Surrogats. Die Teilnahme an der ›Ermittlung‹ ersetzte die Anteilnahme am Frankfurter Prozeß, Diskussionen über die ästhetische Legitimität des Stükkes ersetzten solche über die Sache selbst, vergleichende Aufführungsanalysen ersetzten solche des Stückes, aus einer Gewissensfrage wurde eine Geschmacksfrage, aus einem moralischen Problem ein ästhetisches«.[9] Wenn hier auch ein Teil der faktischen Rezeption zutreffend erfaßt ist, so muß von der Potentialität des Werkes her dagegengehalten werden, daß die Aufgabe der »Ermittlung« als eines Kunstwerks mit geschichtlichem Charakter durchaus darin besteht, den Frankfurter Prozeß zu ersetzen, zumal wo dieser inzwischen längst der Vergangenheit angehört. In der »Ermittlung« ist er, nicht als archiviertes Dokument, sondern in kritischer Offenheit, aufbewahrt. Die Montage des Zitats hält die ungelösten Widersprüche fest, sie präsentiert gesellschaftliche Strukturen und Verhaltensweisen, deren notwendige Ablösung noch aussteht. Im künstlerischen Formprinzip ist damit die wichtigste Erkenntnisfunktion des dokumentarischen Theaters bereits angelegt: das Faktische der Vergangenheit als Herausforderung an die Gegenwart aufzubewahren.

Stück gesetzt sind, das Dokumentationstheater, Kunstwerk und Bekehrungspredigt in einem sein will. Sollte es tatsächlich möglich sein, die verfremdende Form des Oratoriums – denn die Intention der Verfremdung war doch wohl bestimmend für die Wahl der Form – mit der Bemühung um Dokumentierung zu verbinden? Ist das Ergebnis nicht groteske Verzerrung, ein unfreiwilliger parodistischer Unterton, den der Leser oder Zuschauer nur aus Pietätsgefühl überhört?« (S. 143) Verfremdung und Dokumentierung begründen in der Tat die Möglichkeit eines dokumentarischen Theaters, und Parodie in einem sehr ernsthaften Sinne ist beabsichtigt (vgl. dazu das Kapitel »Divina Commedia und Die Ermittlung: Grundlage und Gegenentwurf« bei Erika Salloch, Peter Weiss' ›Die Ermittlung‹, S. 47–72). Doch zeigen die Zitate bereits, wie hier ein anti-marxistischer Affekt alle Aussagen bestimmt; eine adäquate Interpretation der Werke von Peter Weiss ist damit nicht zu erwarten.

[9] Urs Jenny, Jede Menge Eulen für Athen, Akzente 13 (1966), S. 217–221. Zitat S. 220.

b) »Gesang vom Lusitanischen Popanz« und »Viet Nam Diskurs«

Die Frage nach Illusion und Verfremdung in der szenischen Präsentation wird bei den Stücken »Gesang vom Lusitanischen Popanz«[1] und »Viet Nam Diskurs«[2] eigentlich gegenstandslos: Wo nicht einmal dem oberflächlichen Eindruck nach mehr eine kontinuierliche Handlung oder ein in sich kohärenter Wirklichkeitsausschnitt ästhetisch abgebildet werden, kann jene Illusion nicht mehr eintreten, die sich – wie ihre dialektische Ergänzung, die Verfremdung, – als ästhetisches Form- und Wirkungsprinzip von der Geschlossenheit der Bühne und Einheit der Handlung herleitet. Mit dem »Lusitanischen Popanz« (und danach dem »Viet Nam Diskurs«) ist erstmals in der neueren Entwicklung des dokumentarischen Theaters der Versuch unternommen, den übergreifenden Geschichtsprozeß ohne die herkömmliche Vermittlung durch individuelle Konkretion ästhetisch zu vergegenwärtigen.[3] Das Auftreten historischer Personen wird abgelöst durch die abstrahierende Darstellung historischer Prozesse über anonyme und austauschbare Funktionsträger. In kennzeichnender Weise formulieren die Spielanweisungen zum »Lusitanischen Popanz« diese neuen ästhetischen Grundsätze: »7 Spieler, 4 weibliche, 3 männliche, stellen alle Rollen des Stückes dar. Ihre Kleidung alltäglich. Mit einfachsten Mitteln

---

[1] Peter Weiss, Gesang vom Lusitanischen Popanz. Stück mit Musik in 2 Akten, in: P. W., Dramen 2, S. 201–265. Alle Zitate im folgenden nach dieser Ausgabe.

[2] Peter Weiss, Diskurs / über die Vorgeschichte und den Verlauf / des lang andauernden Befreiungskrieges / in Viet Nam / als Beispiel für die Notwendigkeit / des bewaffneten Kampfes / der Unterdrückten gegen ihre Unterdrücker / sowie über die Versuche / der Vereinigten Staaten von Amerika / die Grundlagen der Revolution / zu vernichten, in: P. W., Dramen 2, S. 267–458. Alle Zitate im folgenden nach dieser Ausgabe.

[3] In der Lösung von der durchgehenden Fabel und in der Abstraktion durch das dokumentarische Zitat sieht Peter Weiss Möglichkeiten, über Brecht hinauszugehen; er nennt als Brechts Errungenschaft die Zeichnung des Einzelcharakters nicht mehr als »psychologische, individuelle Erscheinung, sondern als Bestandteil einer sozialen Gruppe, einer gesellschaftlichen Kraft.« In der Entwicklung zum Dokumentarischen werden die zitierten Figuren über ihren individuellen Charakter hinaus zu »Wahrzeichen für gesellschaftliche Kräfte. ⟨...⟩ Wir stehen hier noch am Anfang. Da ist ein Übergang von Brecht zu einer neuen Dramatik.« – Brecht-Dialog 1968. Politik auf dem Theater, ⟨hg. von Werner Hecht⟩, Berlin 1968; Zitate S. 92.

können Übergänge von einer Rolle zur andern angedeutet werden. Ein einzelner Gegenstand genügt ⟨...⟩. Auf keinen Fall dürfen mit Schminke und Maskierung Wechsel von europäischer zu afrikanischer Rolle, und umgekehrt, gezeigt werden. Die Schauspieler, gleich welche Hautfarbe sie haben, sprechen abwechselnd für Europäer und Afrikaner. Nur in ihrer Spielweise nehmen sie Stellung zu den Konflikten.« (S. 202) Die Montage, bei der »Ermittlung« aufgrund ihrer besonderen Struktur fast ausschließlich Montage des sprachlichen Zitats, weitet sich aus zum Grundprinzip des gesamten Bühnenvorgangs und verbindet Sprache, Handlung, Musik und Pantomime in einer so engen Weise, daß der »Lusitanische Popanz« (anders als die »Ermittlung«) ästhetische Bedeutung und Wirkung erst in einer realen Bühnenaufführung erlangen kann.

Die Monotonie der künstlerischen Struktur, die bei der »Ermittlung« wesentlich zur adäquaten Realisierung des Gehalts beiträgt, weicht dem artifiziellen und komplexen Arrangement der verschiedensten sprachlichen und nicht-sprachlichen Ausdrucksformen.[4] Die ästhetische Einheit der rational didaktischen und emotional appellativen Elemente konstituiert sich in der Agitationsstruktur[5] des Werkes, die wiederum den dokumentarischen Charakter einschränkt: nicht weil politische Agitation die Grundtendenz des Werkes ist, sondern weil

---

[4] Vgl. zur Beschreibung und Analyse der szenischen Elemente: Henning Rischbieter, Gesang vom lusitanischen Popanz, in: Über Peter Weiss, hg. von Volker Canaris, 2. Aufl. Frankfurt am Main 1971 (= edition suhrkamp 408), S. 97–105.

[5] Vgl. dazu Klaus Bohnen, Agitation als ästhetische Integration. Bemerkungen zur Theorie des modernen Dokumentartheaters, Sprachkunst 5 (1974), H. 1/2, S. 57–75. Bohnen versucht, das gesamte dokumentarische Theater als neuartige ›Agitationsstruktur‹ zu deuten, die in einem außerkünstlerischen Bedeutungs- und Wirkungszusammenhang ihre Begründung hat. Historisch vorausgehen würden – in Anlehnung an Peter Szondi, Theorie des modernen Dramas, Frankfurt am Main 1966 (= edition suhrkamp 27) – die Symbolisierungsstruktur (z. B. Schiller) und die Präsentationsstruktur (z. B. noch Brecht). Die Klassifizierung der dokumentarischen Formen erweist sich als zu pauschal allein durch die Tatsache, daß Hochhuth und Weiss als repräsentativ und fast gleichgeordnet dargestellt werden. Trotz etlicher Fehldeutungen enthält der Aufsatz wesentliche Gesichtspunkte, auf die in anderem Zusammenhang noch einzugehen sein wird. Vgl. S. 146f. dieser Arbeit.

um dieser Agitation willen dokumentarisch gearbeitete Passagen nur ein stilistisches Moment neben anderen bedeuten. Zudem sind dokumentarische Vorlagen oft – wie in den Reden des Popanz – in satirischer Überspitzung in den Text eingegangen; es bestehen hier stilistische Wechselbeziehungen zur pantomimisch-choreographischen Veranschaulichung von Herrschaftsverhältnissen, zur lyrisch-bildhaften Reflexion und chorischen Agitation. Das Faktenmaterial hat in dieser komplexen Struktur die wesentliche Funktion, die stilisierten Bühnenvorgänge als Abbreviatur der realen Geschichte kenntlich zu machen und den Verweisungscharakter des Gezeigten aufrecht zu erhalten.

Im Unterschied zur Verwendung des Dokumentarischen als nur partiellen Prinzips im »Lusitanischen Popanz« wird im zweiten Teil des »Viet Nam Diskurs« die dokumentarische Grundstruktur durch die Signalwirkung exakter Daten- und Quellenangaben – Fotoprojektionen und Lautsprecheransagen – deutlich hervorgehoben. Die agitatorische Wirkungsintention des »Lusitanischen Popanz« ist keineswegs aufgehoben – dies belegen schon die Parallelen in den Schlußchören (vgl. S. 264f. und S. 457f.) –, doch stützt sie sich hier überwiegend auf rationale Argumentation und politische Beweisführung. In Übereinstimmung mit dieser durch die technischen Mittel akzentuierten Verfahrensweise trägt das ausdrücklich zitierte zeitgeschichtliche Dokument fast ausschließlich die politische Aussage, wird der in wechselnden Figurenkonstellationen rudimentär noch vorhandene szenische Vorgang im Grunde überflüssig – hier muß auch die ästhetische Kritik des zweiten Teils ansetzen. Während die sinnliche, wenn auch notwendig stark stilisierte Vergegenwärtigung der bestehenden Verhältnisse im »Lusitanischen Popanz« wesentliche agitatorische Funktion hat, erhöhen die sparsamen Gruppenbewegungen im ersten Teil des »Viet Nam Diskurs«, die als raffende Zusammenfassung ausgedehnter geschichtlicher Abläufe gedacht sind, kaum noch die Anschaulichkeit und tragen im zweiten Teil nichts mehr an Bedeutung bei. Diese Diskrepanz der beiden Teile in sich und untereinander läßt die Grenzen der Zitatmontage im dokumentarischen Theater erkennen: sie liegen dort, wo die Aussagekraft des sprachlichen Dokuments nicht mehr strukturell sinnvoll in eine – noch so abstrahierende – szenische Konstellation integriert werden kann, wo der Bühnenvorgang nur mehr eine Illustration oder Verdoppelung dessen darstellt, was die Sprache allein vermitteln könnte.[6]

Wenn in der Lösung der Szene von jedem imitatorischen Bezug illusionistischer Schein nicht mehr entstehen kann, ergeben sich – so lautet ein häufiger Einwand – andere Formen der illusionistischen Überredung, nämlich durch die unbefragte Hinnahme der in Auswahl zitierten Dokumente. Noch vor der erkenntniskritischen und politisch-praktischen Reflexion auf die Unumgänglichkeit und Notwendigkeit des subjektiven Interesses im geschichtlichen Verstehen muß hier für die ästhetische Bearbeitung politischer Dokumente festgehalten werden, daß diese – als integrierte Zitate – in ihrer positivistisch verstandenen ›Objektivität‹ eigentlich ›verfremdet‹ werden: Im Kontext der Agitationsstruktur des »Lusitanischen Popanz« und des »Viet Nam Diskurs« ist ihre Funktion als Beleg einer parteilichen historischen Wahrheit deutlich bestimmt. »Bei der Schilderung von Raubzug und Völkermord ist die Technik einer Schwarz/Weiß-Zeichnung berechtigt, ohne jegliche versöhnliche Züge auf seiten der Gewalttäter, mit jeder nur möglichen Solidarität für die Seite der Ausgeplünderten.«[7] – Illusion ist, auch außerhalb des ästhetischen Bereichs, die angebliche Neutralität dokumentarischer Präsentation. Die Funktion des dokumentarischen Theaters läßt sich geradezu in Differenz zu dieser Vorstellung bestimmen; seine Erkenntnisleistung besteht darin, scheinbare Objektivität zu relativieren, indem es akzeptierte Fakten und Anschauungen durch ästhetische Umsetzung in neuer und kritischer Perspektive zur Darstellung bringt.

---

[6] Wo die reine Zitatmontage sich nicht mehr – wie noch in der »Ermittlung« – auf einen strukturell umzusetzenden, weil begrenzten historischen Handlungskontext bezieht, löst sich auch jede mögliche dramatische Form auf. So nennt Heinar Kipphardt seine 1970 entstandene Zitatmontage »Sedanfeier« im Untertitel nur »Montage aus Materialien des 70er-Krieges«, überschreibt dann aber das Verzeichnis der 33 zitierten Dokumente inkonsequent noch mit »Szenenfolge« – obwohl eine ›Aufführung‹ hier nur noch als Lesung möglich ist. Vgl. Heinar Kipphardt, Stücke II, Frankfurt am Main 1974 (= edition suhrkamp 677), S. 255–310.

[7] Peter Weiss, Notizen zum dokumentarischen Theater, in: P. W., Rapporte 2, Frankfurt am Main 1971 (= edition suhrkamp 444), S. 91–104; Zitat S. 99.

c) »Trotzki im Exil«

Hatten die »Ermittlung« und die beiden danach entstandenen Stücke von Peter Weiss den historische Handlungen imitierenden Dokumentarismus abgelöst durch den Dokumentarismus des sprachlichen Verweisens, Zitierens und Erinnerns, war der szenische Vorgang in die stilisierte Gruppendynamik austauschbarer Funktionsträger zurückgenommen, so setzt sich das Stück »Trotzki im Exil«[1] wiederum aus Spielszenen zusammen, die inhaltlich zwar weitgehend dem Prinzip des montierten Zitats folgen, in ihrer Erscheinungsform jedoch Auftritte und Begegnungen historischer Personen darstellen, die der Wirklichkeit nachgestaltet sind oder aufgrund der Dokumente als historisch möglich angenommen werden – der formale Ansatz scheint Ähnlichkeit mit der Gestaltungsweise Hochhuths oder Kipphardts im »Joel Brand« zu zeigen. Die Gefahr der einschichtigen chronikalischen Szenenfolge, die illusionistisch eine abgeschlossene Wirklichkeit vortäuscht, ist jedoch bei »Trotzki im Exil« durch die konsequent epische Struktur gebannt. Das Stück wird damit zum wichtigen Beispiel für eine Möglichkeit, in dokumentarischer Technik historische Szenen zu gestalten und gleichzeitig die strukturierende Perspektive durchgehend sichtbar zu machen. Der exilierte Trotzki am Schreibtisch in Mexiko, der letzten Station seines Lebens, ist die epische Perspektivgestalt; er verbindet und kommentiert die einzelnen Szenen. Die Regieanweisungen und die Angaben zum Bühnenbild machen diese strukturelle Sonderstellung von Anfang an deutlich: »Trotzki am Tisch, in einem Manuskript lesend, den Federhalter in der Hand. Diese Ausgangssituation wird zu bestimmten Zeitpunkten wiederholt. Sie entspricht den letzten Augenblicken des Stückes.« (S. 9) Alles Dargestellte ist damit auf die Perspektivgestalt Trotzki bezogen; in ihm ist der parteiliche Standpunkt szenisch verkörpert, den das Stück gegen Trotzkis Widersacher Stalin und die in dessen Nachfolge heute noch bestehenden politischen Formationen einnimmt.[2]

---

[1] Peter Weiss, Trotzki im Exil. Stück in 2 Akten, Frankfurt am Main 1970 (= Bibliothek Suhrkamp 255). Alle Zitate im folgenden nach dieser Ausgabe.

[2] Die deutliche Perspektivierung als epische Qualität des dokumentarischen Werks wird nachdrücklich hervorgehoben bei Gideon Shunami, The Mechanism of Revolution in the Documentary Theater. A Study of the Play ›Trotzki im Exil‹ by Peter Weiss, The German Quarterly 44 (1971), S.

An den Details der szenischen Realisation zeigt sich, daß die Handlungs- und Gesprächsausschnitte als Ausschnitte der Erinnerung gestaltet sind, als Illustrationen eines Lebensweges und Bewußtseinsprozesses, dessen Stadien ihre Bedeutung erst in der nachträglichen Zusammenschau entfalten. Die betont anti-naturalistische Dramaturgie erklärt die Spielszenen als Reflexionen des Bewußtseins und verhindert eine mögliche Auffassung als genaue historische Rekonstruktion: »Keine Milieuschilderung. Kein Hinweis auf geographische Lage. Der Raum ist ein Provisorium. ⟨...⟩ Im gleichbleibenden Raum verschiedene Zeitebenen. Stadien des Exils. Konfrontationen und Auseinandersetzungen mit Personen und Kräften der Revolution. Erklärung des Anfangs durch den Schluß: Trotzki, in Zurückgezogenheit und Isoliertheit, unmittelbar vorm Tod. Die Auftritte schnell, überraschend.« (S. 9) Das Strukturprinzip des gesamten Stückes wie der einzelnen Szenen ist damit ausgesprochen. Neben der nicht-chronologischen Abfolge im ganzen weisen viele Szenen in sich räumliche und zeitliche Mehrschichtigkeit auf: besonders auffällig zum Beispiel die 9. Szene, die in Vorgänge der Oktoberrevolution Trotzkis im Jahre 1929 erfolgte Ausweisung einblendet (S. 77f.), oder die 13. Szene, die Trotzki als Kommentator und Verteidiger seiner Sache bei den Moskauer Prozessen erscheinen läßt (S. 115–132). Fließende Übergänge von Raum und Zeit, von Trotzkis vergangener und gegenwärtiger Situation, die auch sprachlich formuliert werden durch den Übergang von erinnernden Selbstgesprächen im Präteritum zur szenischen Vergegenwärtigung im Präsens, offenbaren allgemein die Eigenart der Szenen als Spiegelungen eines erinnernden Bewußtseins; Personen treten nicht auf, sie ›erscheinen‹ und ›verschwinden‹.[3] Bewußtseinstheater signalisieren auch jene Szenen, die nach der historischen Möglichkeit, aber gegen die historische Faktenrichtigkeit konstruiert sind, so in der 7. Szene die Begegnung Lenins und Trotzkis mit den Zürcher Dadaisten, deren

---

503–518. – »Within the epic scope of presentation, the flashback technique allows Weiss to mix Trotsky's utopian hopes for the future in the often grisly events of the revolutionary past.« (S. 507) »Trotsky's observation and commentary on the history of the Russian Revolution integrate the isolated historical events into artistic unity.« (S. 512)

[3] Von der Gegenwartsebene der Szenen aus betrachtet, erscheinen auch ›Tote‹: in der 11. Szene Lenin (S. 97), in der 13. Szene die Opfer der Moskauer Prozesse (S. 115–132).

Fiktivität zusätzlich durch das Auftreten des Straßenmädchens ›Anna Blume‹ hervorgehoben wird (S. 51–57). Die wechselseitigen Argumentationen freilich sind auch hier in Anlehnung an die historischen Quellen ausgeführt – dieser dokumentarische Gehalt wird durch die perspektivische Struktur nicht entwertet. Die Kennzeichnung der Perspektive ist auch keineswegs pejorativ als subjektivistische Form zu deuten, wie es Reinhard Baumgart in Verbindung mit einer Abwertung des Gehalts versucht: »Weiss hat nun auch formal die Konsequenz aus seiner neuen idealistischen Kehre gezogen. Aufgegeben ist der distanzierte, vorzeigende Welttheatergestus. Die Szenen, verstanden als Erinnerungsfragmente Trotzkis, sind selbst nur noch nach außen geworfene, sinnlich gemachte Innenwelt. Doch die didaktische Haltung, die Weiss sich mühsam genug antrainiert hat, läßt diesen subjektivistischen Ansatz noch nicht voll zur Entfaltung kommen.«[4]

Die Struktur vermittelt die geschichtliche Wirklichkeit als Wirklichkeit in der Spiegelung durch das geschichtlich gebundene Bewußtsein. Mit der expliziten Fortführung der historischen Oppositionsrolle Trotzkis in der künstlerischen Perspektive markiert bereits das formale Organisationsprinzip des Stückes das parteiliche Erkenntnisinteresse in den Auseinandersetzungen der Gegenwart.

---

[4] Reinhard Baumgart, Die verdrängte Phantasie. 20 Essays über Kunst und Gesellschaft, Darmstadt und Neuwied 1973 (= Sammlung Luchterhand 129), S. 207.

III. Geschichte und Modell

Mit der Demonstration szenischer Grundstrukturen in den realisierten Werken sind Lösungsmöglichkeiten für das zentrale ästhetische Problem des dokumentarischen Theaters beschrieben: das dokumentarisch faßbare geschichtliche Ereignis aus der Isoliertheit der einmaligen historischen Zuordnung in einen Verweisungszusammenhang zu übertragen, der dialektisch Vergangenheit und Gegenwart umschließt, indem er das Faktum in die Kontinuität des geschichtlichen Prozesses einreiht und es zugleich aus dieser Festlegung in der Kontinuität löst, um die Erkenntnis seiner gegenwärtigen Aktualität zu vermitteln.

Eine Dramaturgie der geschlossenen Form ist dies zu leisten nicht fähig; die Bedeutung und Wirkung des dokumentarischen Stoffes bleiben in ihr an den geschichtlichen Augenblick gebunden, in dem unmittelbare Rezeption möglich ist. Ästhetische Verfremdung dagegen realisiert das gegenwärtige Erkenntnisinteresse in der Darstellung des Faktums und schafft die Voraussetzungen, um den strukturierten Wirklichkeitsstoff im dokumentarischen Theater als Modell zu begreifen, das im geschichtlichen Prozeß transponierbar wird. Grundsätzliches zum Modellcharakter aller Kunst führt Jurij M. Lotman aus[1] – seine Erläuterungen haben für das dokumentarische Theater eine spezifische Bedeutung, weil die Modellierung hier den besonderen Widerstand des ungeordnet Faktischen überwinden muß. Ästhetischen Charakter aber kann das dokumentarische Theater nur als modellierende Struktur behaupten: »Das Kunstwerk bleibt, indem es als Modell eines bestimmten Objektes erscheint, immer Reproduktion von

---

[1] Jurij M. Lotman, Vorlesungen zu einer strukturalen Poetik. Einführung, Theorie des Verses, hg. von Karl Eimermacher, München 1972 (= Theorie und Geschichte der Literatur und der schönen Künste 14); vgl. besonders »Die Kunst und das Problem des Modells«, S. 34–44.

etwas Einmaligem, aber in unserem Bewußtsein nicht in die Reihe der konkret-individuellen, sondern verallgemeinernd-abstrakten Begriffe Eingereihtem. *Selbst die Konkretheit erhält den Charakter der Verallgemeinerung.*[2] Wo diese Verallgemeinerung – im dokumentarischen Theater die geschichtliche und politische Bedeutung des Faktischen – nur inhaltlich vorgetragen wird, ist mit der Kunstform auch der intendierte Gehalt verfehlt, da »die Behauptung, es sei möglich, daß Werke existieren, die der Idee nach bedeutend und wahr sind, aber in Hinblick auf die Ausführung von geringer Qualität, nicht stichhaltig ist. Eine nicht gekonnte, nicht adäquate Modellierung wird die Struktur unvermeidlich zur Trägerin *ihrer eigenen Ideen* machen (im Bereich der Kunst gibt es keine Modelle außerhalb der Ideen), entgegen allen beliebigen Erklärungen des Autors.«[3] Auch hier bestätigt sich die Unmöglichkeit jener gespaltenen Argumentation, die Inhalt und Form als geschichtliche und ästhetische Bedeutung des dokumentarischen Theaters zu trennen versucht.

Modellierung als ästhetisches Verfahren schließt vollständige Reproduktion der Wirklichkeit aus; in der Abstraktion und Konstruktion als Differenz zur Wirklichkeit besteht die Voraussetzung der künstlerischen Erkenntnisleistung.[4] Die ästhetische Vermittlung dieser Differenz – die mehr meint als die notwendige Auswahl des Materials – gehört zu den Postulaten an das dokumentarische Theater als Kunstwerk und richtet sich gegen dessen immanente Tendenz zur Wirklichkeitsillusion ohne kritisch öffnende Perspektiven. Mit solcher Akzentuierung nennt, unabhängig von Lotman, Hans Christoph Angermeyer den Modellcharakter als Lösung für die Problematik des dokumentarischen Theaters: »Im Zusammenhang mit den Schwierigkeiten des historischen und Dokumentartheaters drängt sich als Lösungsvorschlag der Begriff des *Modells* auf. Mit Modellcharakter wird eine grundsätzliche Entscheidung getroffen für den Materialwert der Geschichte und den daraus

---

[2] Jurij M. Lotman, Vorlesungen zu einer strukturalen Poetik, S. 39f.
[3] Jurij M. Lotman, Vorlesungen zu einer strukturalen Poetik, S. 39.
[4] Vgl. dazu grundlegend Theodor W. Adorno, Erpreßte Versöhnung. Zu Georg Lukács: ›Wider den mißverstandenen Realismus‹, in: Th. W. A., Noten zur Literatur II, Frankfurt am Main 1961 (= Bibliothek Suhrkamp 71), S. 152–187. »Nach Analogie zu einer heute geläufigen philosophischen Redeweise könnte man von der ›ästhetischen Differenz‹ vom Dasein sprechen: nur vermöge dieser Differenz, nicht durch deren Verleugnung, wird das Kunstwerk beides, Kunstwerk und richtiges Bewußtsein.« (S. 164)

abzuleitenden Wirklichkeitsanspruch des rein Historischen. Dieses Modell – dem Brechtschen Begriff der Parabel verwandt – tritt nie als Scheinwirklichkeit auf. Modell heißt von Anfang an ausgewählte Möglichkeit, nicht aber nur ausgewähltes Material. 〈...〉 Modell kann so nicht Darstellung oder gar Nachahmung von Wirklichkeit in irgendeinem historischen Sinne sein 〈...〉. So kann Drama auch nicht historische Korrektur sein, sondern nur als *vorwärtsweisende Theorie* seine Bestätigung in der Anwendbarkeit des Modells für den Zuschauer erhalten. Wenn sich die Anwendbarkeit aufdrängt, ist das Ziel des Modells erreicht. Die so gewonnene Öffnung schließt einen Wettstreit mit dem Dokument, der vom Drama nie gewonnen werden kann, aus. Die große Chance dagegen ist, die heutigen und zukünftigen Problemkreise durch ein sogeartetes *kritisches Modell* vorausweisend historisieren zu können. So erhält das Modell einen neuen Wirklichkeitsanspruch, der aber außerhalb seiner erfüllt werden muß.«[5] Diese Unterscheidungen treffen in ihrer Zuspitzung Wesentliches, dürfen aber nicht als absolute Gegensätze, sondern müssen als sich ergänzende Strukturtendenzen verstanden werden; denn dokumentarisches Theater konstituiert sich in der strukturellen Bindung an faktische Wirklichkeit.[6] Sein realistischer Anspruch als Erkenntnis der Realität gründet sich auf die Modellierung für die Gegenwart relevanter geschichtlicher Vorgänge und Tatsachen. Auch in der Aufnahme des Modellbegriffs bei Peter Weiss ist die vermittelnde Funktion in dieser Weise erfaßt: »Die Stärke des dokumentarischen Theaters liegt darin, daß es aus den Fragmenten der Wirklichkeit ein verwendbares Muster, ein Modell der aktuellen Vorgänge, zusammenzustellen vermag. Es befindet sich nicht im Zentrum des Ereignisses, sondern nimmt die Stellung des Beobachtenden und Analysierenden ein.«[7]

---

[5] Hans Christoph Angermeyer, Zuschauer im Drama. Brecht – Dürrenmatt – Handke, Frankfurt am Main 1971 (= Literatur und Reflexion 5), S. 75f.

[6] Angermeyer nimmt die Postulate offenbar absolut und spricht deswegen im Vergleich von Brechts »Galilei«, Kipphardts »Oppenheimer« und Dürrenmatts »Physikern« allein dem Werk von Dürrenmatt den beschriebenen Modellcharakter zu, während die Stücke von Brecht und Kipphardt wegen der »Fixierung an die als Modellgrundlage genommene historische Situation« (S. 76) den intendierten Modellcharakter nicht erreichten. So versteht Angermeyer den Modellcharakter letztlich nicht als Lösung für das dokumentarische Theater, sondern als dessen Ablösung.

[7] Peter Weiss, Notizen zum dokumentarischen Theater, S. 97.

In der Konstruktion, die das dokumentarische Theater mit Kunstcharakter als Deutung und Entwurf geschichtlicher Wirklichkeit statt
als deren Nacherzählung und Nachahmung auszeichnet, ist ästhetisch
formuliert, was Walter Benjamin in seiner Auseinandersetzung mit
dem Historismus und einem zur Fortschrittsphilosophie verkümmerten
Marxismus als die Geschichtsdarstellung des historischen Materialismus
umschrieben hat (der Begriff der geschichtlichen Kontinuität meint
hier nur die abzulehnende Kontinuität der historistischen Einordnung):
»Der historische Materialist muß das epische Element der Geschichte
preisgeben. Sie wird ihm Gegenstand einer Konstruktion, deren Ort
nicht die leere Zeit, sondern die bestimmte Epoche, das bestimmte
Leben, das bestimmte Werk bildet. Er sprengt die Epoche aus der
dinghaften *geschichtlichen Kontinuität* heraus, so auch das Leben aus
der Epoche, so das Werk aus dem Lebenswerk. Doch der Ertrag dieser
Konstruktion ist der, daß im Werke das Lebenswerk, im Lebenswerk
die Epoche und in der Epoche der Geschichtsverlauf aufbewahrt und
aufgehoben ist.«[8] Die Aktualisierung des Vergangenen im dokumentarischen Theater entspricht dem, was Benjamin geschichtsphilosophisch
als die Gegenwartsbezogenheit des historischen als dialektischen Materialismus erläutert: »Der Historismus stellt das ewige Bild der Vergangenheit dar; der historische Materialismus eine jeweilige Erfahrung
mit ihr, die einzig dasteht. Der Entsatz des epischen Moments durch
das konstruktive erweist sich als Bedingung dieser Erfahrung. In ihr
werden die gewaltigen Kräfte frei, die im *Es-war-einmal* des Historismus gebunden liegen. Die Erfahrung mit der Geschichte ins Werk zu
setzen, die für jede Gegenwart eine ursprüngliche ist – das ist die Aufgabe des historischen Materialismus. Er wendet sich an ein Bewußtsein
der Gegenwart, welches das Kontinuum der Geschichte aufsprengt.

---

[8] Walter Benjamin, Eduard Fuchs, der Sammler und der Historiker, in:
W. B., Angelus Novus. Ausgewählte Schriften 2, Frankfurt am Main
1966, S. 302–334; Zitat S. 304. – Diese Historismus-Kritik ist fast wörtlich in Benjamins sogenannte »Geschichtsphilosophische Thesen« übernommen worden (in: W. B., Illuminationen. Ausgewählte Schriften, Frankfurt
am Main 1969, S. 268–279). Ihre Zitation in der obigen Argumentation soll
sie nicht simplifizierend aus ihrem gedanklichen und geschichtlichen Kontext
lösen. Vgl. zu ihren vielfältigen Implikationen inzwischen: Materialien zu
Benjamins Thesen ›Über den Begriff der Geschichte‹. Beiträge und Interpretationen, hg. von Peter Bulthaup, Frankfurt am Main 1975 (= suhrkamp taschenbuch wissenschaft 121).

Geschichtliches Verstehen faßt der historische Materialismus als ein Nachleben des Verstandenen auf, dessen Pulse bis in die Gegenwart spürbar sind.«[9] Die Konstruktion als Ausdruck der ästhetischen Differenz und als Gegensatz zur Kontinuität im Sinne der Benjaminschen Argumentation nennt wiederum auch Peter Weiss unter den Grundlagen des dokumentarischen Theaters: »Die Bühne des dokumentarischen Theaters zeigt nicht mehr augenblickliche Wirklichkeit, sondern das Abbild von einem Stück Wirklichkeit, herausgerissen aus der lebendigen Kontinuität.«[10]

Die Abstraktion in der Konkretion auszubilden und beides der Erfahrung und dem Bewußtsein der Gegenwart zu vermitteln, diesem Ziel gilt die Modellierung als Konstruktion im dokumentarischen Theater. Zu untersuchen bleibt, wie die modellierende Aufnahme des jeweiligen geschichtlichen Materials sich in der szenischen Struktur entfaltet. Ästhetische Analyse entsteht durch die sprachliche Formung des Materials, die vom ursprünglichen historischen Kontext abstrahiert und den Gehalt auf die Gegenwart hin konkretisiert; die Montage als übergeordnetes Prinzip löst die historische Abfolge auf und gestaltet dafür historische Beziehungen; die strukturell integrierte Wendung an den Zuschauer bezeichnet schließlich den eigentlichen Kontext der Darstellung in der Gegenwart und bietet Beispiele vermittelnder Reflexion.

Die Voraussetzungen der szenischen Präsentation, deren Möglichkeiten zwischen Illusion und Verfremdung beschrieben sind, erweisen sich dabei als notwendige, aber nicht immer hinreichende Bedingungen: Auch adäquate Formen szenischer Konstruktion verlieren ihre potentielle modellierende Qualität, wenn die Quantität des dokumentarischen Materials nicht so integriert ist, daß jedes Detail zur Erkenntnisfunktion des Modells beiträgt.

[9] Walter Benjamin, Eduard Fuchs, der Sammler und der Historiker, S. 304.
[10] Peter Weiss, Notizen zum dokumentarischen Theater, S. 95.

1. Kontinuität und Wandel der Geschichte: Heinar Kipphardt, »In der Sache J. Robert Oppenheimer«

Die szenische und sprachliche Bearbeitung des Dokuments in Kipphardts Oppenheimer-Stück macht weit über den unmittelbaren Kontext des Einzelfalls hinaus Beziehungen sichtbar, welche die dialektische Kontinuität der Problematik im Geschichtsverlauf und damit die Gegenwärtigkeit der Fragestellung erweisen. Im Besonderen erscheint das Allgemeine: die Diskrepanz von wissenschaftlich-technischer Verfügungsgewalt des Menschen und unzureichend entwickelten politisch-gesellschaftlichen Verhältnissen.

Den durch die mehrschichtige Dramaturgie eröffneten Interpretationsraum füllen die Tendenzen der Textbearbeitung durch verallgemeinerungsfähige Formulierungen, die jene Modellsituation mitbegründen, in welcher der historische Oppenheimer lediglich als Demonstrationsobjekt fungiert. So spricht Oppenheimer gleich zu Beginn vom Gegenstand des Ausschußverfahrens als einer Untersuchung der »schwierigen Pflichten des Physikers in unserer Zeit« (S. 10). Auf der sprachlichen Ebene ist damit eine erste Abstraktion vollzogen und der Rahmen abgesteckt, in dem das Folgende aufzunehmen ist. Der Physiker, zumal der Atomphysiker, steht dabei nur wegen der besonders augenfälligen Auswirkungen seiner Tätigkeit stellvertretend für den Wissenschaftler allgemein und als Beispiel in der Diskussion der gesellschaftsbezogenen Wissenschaftstheorie. Die Ideologie der wertfreien Forschung als Trennung der Wissenschaft von gesellschaftlichen Zielvorstellungen und politischen Verfügungszusammenhängen erscheint in zugespitzter und damit zum Widerspruch reizender Form in mehreren Äußerungen Oppenheimers: »Der Abwurf der Atombombe auf Hiroshima, das war eine politische Entscheidung, nicht meine« (S. 12). »Wir waren Physiker, keine Militärs, keine Politiker.« (S. 16) Den gesellschaftlichen Stellenwert dieser Trennung verdeutlicht der Geheim-

70

dienstoffizier Pash mit seinen unverhüllten Forderungen: »Sie müssen begreifen, daß sie ⟨die Wissenschaftler⟩ heutzutage Fachleute in einem sehr großen Unternehmen sind, die ihre Teilarbeit zu machen haben, die sie anderen Fachleuten, Politikern, Militärs, abliefern, die darüber befinden, was damit gemacht wird.« (S. 62) Technizistische Selbstbeschränkung kommt diesen Forderungen entgegen und ahnt noch nichts von den Konsequenzen: »Ich tat meine Arbeit« (S. 12), führt Oppenheimer aus und wiederholt: »Wir machten als Fachleute die Arbeit, die man von uns verlangte. Aber wir entschieden damit nicht, die Bombe tatsächlich zu werfen.« (S. 14) Die aus solcher Abspaltung resultierenden »moralischen Skrupel« (S. 14) sind individuelles Indiz des gesamtgesellschaftlichen Widerspruchs, der als unverstandener konstatiert wird, ohne damit erklärt zu sein: »Man machte von den großen Entdeckungen der neueren Naturwissenschaften einen fürchterlichen Gebrauch. Die Kernenergie ist nicht die Atombombe.« (S. 14) Im ergänzenden Kontrast zu Oppenheimers Bedenken steht wiederum der Anspruch des staatlichen Machtapparats, der die eigentliche Funktionalität der ›wertfreien‹ Forschung im Produktions- und Verwertungszusammenhang der arbeitsteiligen und nach Interessen gespaltenen Gesellschaft erläutert: »Was wir ⟨die staatlichen Funktionäre⟩ den Wissenschaftlern heute klarmachen müßten, ⟨ist,⟩ daß wir von ihnen eine strikte Trennung zwischen ihren subjektiven Ansichten und ihrer objektiven Arbeit fordern müssen, weil eine moderne Atompolitik nur auf der Grundlage einer wertungsfreien Arbeit möglich ist. Wie in jedem Industrie-Unternehmen, so auch in einem modernen Staat.« (S. 45) Daß diese Sätze außerhalb der Szene an der Rampe gesprochen werden, markiert ihre Appellstruktur: Die Kritik des Zuschauers wird auf politische Systeme gelenkt, die eine gesellschaftlich reflektierte Wissenschaft nicht zulassen können.

Der auf diese ungelösten realen Widersprüche bezogene Gehalt des Stückes wird vor allem im ersten Teil dadurch spezifiziert, daß der offene Antikommunismus des Kalten Kriegs den Hintergrund und Anlaß des Oppenheimer-Verhörs bildet und dessen Verlauf in weiten Teilen unmittelbar bestimmt. Als historische Konstellation ist diese zur Entstehungszeit des Stückes noch wesentlich aktuellere Situation keineswegs überholt, wenn sie auch im internationalen Maßstab Änderungen erfahren hat. In der Abstraktion vom historischen Exempel der

McCarthy-Ära bleibt die Problematik jederzeit aktualisierbar als Kritik undemokratischer Tendenzen innerhalb einer formal demokratisch angelegten Gesellschaft, die sich unter dem Vorwand der Absicherung gegen außen- oder innenpolitische Bedrohung ausbreiten. Das Widersprüchliche solcher Sicherheitsmaßnahmen wird ausdrücklich thematisiert in Begründung und Gegenrede durch die Vertreter der verschiedenen Positionen: in den Rampenansprachen von Robb (S. 21), Evans (S. 25f.), Marks (S. 32), in den Schlußplädoyers von Robb (S. 130f.) und Marks (S. 134), in Oppenheimers letzter Replik (S. 139). Zur paradoxen Ironie zugespitzt sind im Verlauf des Verhörs die Formulierungen von Oppenheimer und Lansdale: »Es gibt Leute, die bereit sind, die Freiheit zu schützen, bis nichts mehr von ihr übrig ist.« (S. 39) »Um eine hundertprozentige Sicherheit zu haben, müßten wir alle die Freiheiten aufheben, die wir zu verteidigen wünschen.« (S. 74)

Der dezidierte Antikommunismus als sichtbare Komponente latent vorhandener faschistischer Ideologie bestimmt jedoch nicht ausschließlich die Bedeutungsspanne des Oppenheimer-Stückes. Eine Schwäche der Konstruktion liegt im mangelnden Ausgleich zwischen den beiden Problemkreisen: der Gefährdung der bürgerlichen Demokratie im Kapitalismus und der gesellschaftlichen Verantwortung kritischer Wissenschaft, die zeitlich und regional weniger beschränkt ist. Unmittelbar verbunden sind diese Aspekte im historischen Dokument des Oppenheimer-Verhörs, in dem auf modellierende Abstraktion angelegten Theaterstück rücken sie auseinander, obwohl die Verbindung keineswegs gelöst ist; denn die Kritik einer rückständigen Gesellschaftsentwicklung gehörte mit zu den Aufgaben einer gesellschaftlich freien, ihrer gesellschaftlichen Verantwortung aber bewußten Wissenschaft. Im zweiten Teil des Stückes, der gleichsam an die weltweit verallgemeinernden filmischen Titelprojektionen des ersten Teils anknüpft, tritt die exemplarisch angebotene innenpolitische Problematik der USA zunehmend zurück; die »Loyalität gegenüber der Menschheit« (S. 78) wird angesichts der durch die Wasserstoffbombe einprägsam verdeutlichten Apokalypse zum wichtigeren Problem als die »Loyalität einer Regierung gegenüber« (S. 78) – freilich nur für den Zuschauer, denn für Oppenheimer bleibt dieser Konflikt immanent unlösbar.

Dieser Abstraktion auch von den zeitgeschichtlichen politischen Konstellationen als Konkretion gegenwärtiger Bedeutung dient schließlich die Modellierung im Anschluß an ein literarisches Vorbild. Die Stilisierung Oppenheimers auf Brechts Galilei hin wird im zweiten Teil immer deutlicher und erreicht mit dem – vom Autor frei entworfenen – Schlußwort Oppenheimers ihren Höhepunkt. Zitatvergleiche können die bis ans Wörtliche grenzenden Übereinstimmungen belegen;[1] die Ähnlichkeit der programmatischen Zusammenfassungen am Ende der beiden Stücke darf jedoch nicht über die Unterschiede hinwegsehen lassen.[2] Galileis Schuldbekenntnis ist dialektisch verknüpft mit der Überzeugung, die Geschichte nehme eine positive Entwicklung, und in dieser Entwicklung sei die Wirkungsmöglichkeit auch des individuellen Einsatzes mit Vorbildcharakter gegeben.[3] Erst dann gewinnt die Verfremdungsstruktur des »Galilei«-Schlusses, die der Zuschauererwartung entschieden zuwiderläuft, ihren Sinn in der Provokation der richtigen Erkenntnis. Der hoffnungsvollen Zeit geschichtlichen Umbruchs, die in der Handlung des »Galilei« gespiegelt wird, stehen mit Kipphardts »Oppenheimer« die verfestigten Verhältnisse der verwalteten Welt

---

[1] Vgl. Heinar Kipphardt, In der Sache J. Robert Oppenheimer, S. 139–141, und Bertolt Brecht, Gesammelte Werke 3, S. 1339–1341. Eine Gegenüberstellung der Parallelen findet sich bei Rémy Charbon, Die Naturwissenschaften im modernen deutschen Drama, S. 222. – Eine versteckte Reminiszenz an Galileis Käuflichkeit – »Groß ist nicht alles, was ein großer Mann tut / Und Galilei aß gern gut« (B. B., Gesammelte Werke 3, S. 1246) – liegt bei Kipphardt vor in der Replik des Physikers Bethe: »*Rolander* Verlangt man für eine Stellung mehr Geld, wenn man unentschlossen ist, sie anzutreten? *Behte* Ich ja. Gute Gedanken sind teuer. Ich esse gern.« (S. 114)

[2] Zuwenig sind die Unterschiede berücksichtigt in dem inhaltlich schematisierenden Aufsatz von Hans Kügler, Dichtung und Naturwissenschaft. Einige Reflexionen zum Rollenspiel des Naturwissenschaftlers in: B. Brecht, Das Leben des Galilei ⟨sic!⟩, F. Dürrenmatt, Die Physiker, H. Kipphardt, In der Sache J. Robert Oppenheimer, in: H. K., Weg und Weglosigkeit. Neun Essays zur Geschichte der deutschen Literatur im zwanzigsten Jahrhundert, Heidenheim 1970, S. 209–235. – Eine andere literarische Parallele (zu Mary Shelleys »Frankenstein«) erweist sich wegen des zu großen historischen Abstands als wenig ergiebig: Christian W. Thomsen, Die Verantwortung des Naturwissenschaftlers in Mary Shelleys ›Frankenstein‹ und Heinar Kipphardts ›In der Sache J. Robert Oppenheimer‹. Zur literarischen Gestaltung eines Problems, Literatur in Wissenschaft und Unterricht 4 (1971), S. 16–26.

[3] Vgl. zum geschichtlichen Optimismus des Brechtschen »Galilei« Hans Mayer, Dürrenmatt und Brecht, oder die Zurücknahme, in: H. M., Dürrenmatt und Frisch. Anmerkungen, Pfullingen 1963, S. 5–21.

gegenüber, in deren Konsequenz Ohnmacht und Resignation erscheinen. Führt Oppenheimers Analyse diejenige Galileis fort, so hat er keine entsprechende Lösung mehr anzubieten; denn die private Lösung Oppenheimers – daran ist mit allem Nachdruck festzuhalten – stellt sich als hilflose Scheinlösung dar, deren Beschränktheit die Reduktion des Individuums durch das allseitig geschlossene Machtsystem belegt: »Wir haben die Arbeit des Teufels getan, und wir kehren nun zu unseren wirklichen Aufgaben zurück. Vor ein paar Tagen hat mir Rabi erzählt, daß er sich wieder ausschließlich der Forschung widmen wolle.« (S. 141) Volkmar Sander schreibt hierzu: »Das Ergebnis des Loyalitätskonflikts ist also Abdankung. Ablehnung der Verantwortung für das Ganze, weil sie psychologisch und machtpolitisch unmöglich geworden ist, und Reduktion auf das Private, wobei das Individuelle nicht mehr als Keimzelle und Grundstein verstanden ist, die den Staat trägt ⟨sic!⟩ und aus denen er sich zusammensetzt, sondern als gerade noch möglicher Rest, als Refugium und Relikt«.[4] Der erzwungene Rückzug wird für den Zuschauer notwendig zur Kritik des Systems: »Bewußtseinsausbildung ist über einen bestimmten Punkt hinaus tödlich geworden. Als Ausweg zeigt sich Beschränkung aufs Marionettenhafte, das Sichzurückziehen auf den Stand des Befehlsempfängers, oder als schauerlichste Lösung, wie bei Kipphardts Oppenheimer, geplante Mediokrität.«[5]

Oppenheimers persönliche Folgerungen fallen hinter den im Stück erreichten Erkenntnisstand weit zurück; der Zuschauer sieht die Selbsttäuschung durch die abschließende Textprojektion – Verleihung des Enrico-Fermi-Preises an Oppenheimer – ironisch kontrapunktiert. Obwohl also Oppenheimer aufgrund seiner wissenschaftlichen Schlüsselstellung beträchtliche Einflußmöglichkeiten hat, wird er als Opfer vorgeführt, als letztlich austauschbares Glied eines Prozesses, den er nicht selbst bestimmt; seine Funktion als dramatische Zentralfigur besteht darin, den umfassenden Mechanismus eines Systems auch in der Verfügungsgewalt über hervorragende Teile dieses Systems darzulegen. »An diesem Kreuzweg ⟨zwischen gesellschaftlich produktiver oder destruktiver Verwertung der Wissenschaft⟩ empfinden wir Physiker,

---

[4] Volkmar Sander, Die Faszination des Bösen. Zur Wandlung des Menschenbildes in der modernen Literatur, Göttingen 1968, S. 51.

[5] Volkmar Sander, Die Faszination des Bösen, S. 51.

daß wir niemals so viel Bedeutung hatten und daß wir niemals so ohnmächtig waren.« (S. 140) Mit dieser Interpretation ist auch dem Vorwurf des ›Prominentenkults‹ begegnet, der zumindest für dieses Stück nicht zutrifft: denn selbst die Opposition des Prominenten wird in das System integriert und zur Wirkungslosigkeit verurteilt.[6]

Die zusätzliche Betonung der Beziehungen zu Brechts »Leben des Galilei« in der »Oppenheimer«-Inszenierung des Berliner Ensembles 1965 hat nicht eine falsche Überzeitlichkeit oder genaue Parallelität des Problems behauptet, sondern dessen ungelöste Aktualität im geschichtlichen Prozeß bezeichnet.[7] Der Abstand zwischen den beiden Stücken wird deutlich im Unterschied der Lösungen – des positiven Postulats in der dialektischen Negation bei Brecht, des ironisch verfremdeten, resignierenden Endes bei Kipphardt – und im Wandel der Kunstform: von der didaktisch strukturierten Parabel, die sich mit distanzierter Souveränität des historischen Beispiels bedient, zur Bearbeitung des zeitgeschichtlichen Dokuments, die im Zuschauerbezug durch kontrastierende Entwicklung der verschiedenen Positionen und kritisch-ironische Zuspitzung des Zitierens appellativ konstruiert ist, aber keine eindeutig erkennbare und praktikable Lösung mehr vorführen oder entwerfen kann. Die Erfahrung der unmittelbaren Bedrohung, der durch keine individuelle Leistung mehr zu begegnen ist, bestimmt hier die Wahl und Durchführung der dokumentarischen Form.

---

[6] Die Gefahr einer falschen Rezeption, die sich auf den interessanten Einzelfall konzentriert und den Modellcharakter nicht realisiert, ist bei allen dokumentarischen Stücken nicht auszuschließen: Grund ist die Ambivalenz des Faktischen, das ästhetisch als Hinweis auf das Konkrete und als Ausgangspunkt der Abstraktion aufgenommen ist. Für die Bewertung bleibt entscheidend, wieweit die Struktur der Werke solche Reduktion herausfordert oder erschwert.

[7] Kipphardts Stück wurde in der Grund-Dekoration des »Galilei« gespielt, zu Beginn – synchron zu den einleitenden Filmprojektionen – sprach über ein Tonband Ernst Busch Galileis Schlußwort. Vgl. zur Begründung und Durchführung Manfred Wekwerth, Notate, S. 152–154 und S. 160f.; Manfred Nössig, Physik und Gesellschaft, Theater der Zeit 20 (1965), H. 11, S. 9–11.

2. Tragische Weltgeschichte und das moralische Individuum: Rolf Hochhuth

a) »Der Stellvertreter«

Die historische Bedeutung und Wirkung von Hochhuths »Stellvertreter« sind unumstritten. In der nach dem Erscheinen und den ersten Aufführungen des Werkes lange sich hinziehenden Diskussion über die inhaltlichen Thesen wurde die ästhetische Problematik kaum oder nur in polemischer Vereinfachung behandelt.[1] Heute geht es bei distanzierter Betrachtung nicht mehr darum, inhaltliche Details und einzelne ästhetische Mängel zu kritisieren und gegeneinander auszuspielen, sondern die Gültigkeit des Stückes in seiner dramatischen Struktur als seinem Modellcharakter zu prüfen. Die beschriebene illusionistische Dramaturgie erhielt zur Entstehungszeit des Werkes ihre Bedeutung als fast schockartige und durch die Faktennähe unausweichliche Konfrontation mit der Vergangenheit, die gewählte Form des Bühnenstücks überhaupt ihre Berechtigung als weithin wirkendes und Aufsehen erregendes Publikationsmittel. Ob das Stück diese seine Historizität überdauern kann, ob es einen über die bloße Erinnerungsfunktion hinausreichenden Wahrheitsgehalt aufweist, ist dagegen fraglich.

Mit der Anklage gegen Pius XII. – die unleugbar eine wesentliche Rolle spielt – versucht das Stück, ein etabliertes Geschichtsbild in einem bestimmten Punkt zu korrigieren; die neue Bewertung vergan-

---

[1] Einen Eindruck der ersten Rezeption vermitteln die in drei Sammelbänden enthaltenen Zeugnisse: Der Streit um Hochhuths ›Stellvertreter‹, Basel/Stuttgart 1963 (= Theater unserer Zeit 5); Summa iniuria oder Durfte der Papst schweigen? Hochhuths ›Stellvertreter‹ in der öffentlichen Kritik, hg. von Fritz J. Raddatz, Reinbek bei Hamburg 1963 (= rororo aktuell 591); The Storm over ›The Deputy‹. Essays and Articles about Hochhuth's Explosive Drama, ed. by Eric Bentley, New York 1964.

genen Geschehens bedeutet immer auch Veränderung gegenwärtigen Bewußtseins. Erschöpfte sich jedoch die kritische Funktion des Stückes in der Schuld-These, die auf einen bestimmten historischen Kontext begrenzt bleibt, so wäre es als einmalige Korrektur, nicht aber als kritisch modellierende Struktur zu werten, in der historische Fakten einen mehrfach aktualisierbaren Verweisungscharakter erhalten.

Reflexion über geschichtliche Zusammenhänge ist nur in geringem Umfang in den szenisch realisierbaren Text eingegangen – zumindest bei einem Aufführungsstil, der dem Willen des Autors folgt –, und dies oft in Verbindung mit Ansätzen zu szenischer und sprachlicher Verfremdung, die andeuten, wie die Bühne um der kritischen Erkenntnis willen auf die gegenwärtige Wirklichkeit hin hätte geöffnet werden müssen. Gerade in der Papstszene, dem vierten Akt, erscheint das persönliche Versagen begründet in überindividuellen Strukturen und gesellschaftlich bestimmten Bewußtseinshaltungen, nämlich in der Fixierung an ökonomische Interessen und an die herrschende Ideologie des Antikommunismus. Ein gelungenes Beispiel für kritischen Wirklichkeitsbezug durch sprachliche Verfremdung ist die Formulierung »von brennender Sorge um Unsere Fabriken erfüllt« (S. 155) in den Auftrittsworten des Papstes. Sie folgt dem Anfang der Enzyklika »Cura ardente« von 1937, wird hier aber in gegensätzlichem Kontext gebraucht. Dieses während der ganzen Szene andauernde demonstrative Geschäftsgebaren des Papstes denunziert gleichzeitig die religiös und moralisch begründete Furcht vor dem in Stalin personifiziert gesehenen Kommunismus. Die politische Diskussion um Stalin (S. 164–169) mündet in die zusammenfassende Begründung der päpstlichen Zurückhaltung gegenüber Hitlers Staat: »Gott helfe, daß der Angriff aus dem Osten / auch diesmal scheitert, weil Europa / noch rechtzeitig erkennt / daß es vor *dieser* Drohung / seine internen Fehden begraben muß.« (S. 169) Im Verfahren der Kontrastierung wird wenig später ein ergänzender ökonomischer Aspekt genannt, die Sorge des Papstes um die vatikanischen Aktien der Ungarischen Eisenbahn: »Sie sorgen doch dafür, lieber Graf, daß Uns / da nichts verlorengeht, auch wenn / die Rote Armee Ungarn besetzen sollte?« (S. 171) Diese Frage wiederum ist ohne Überleitung eingefügt, während der Papst die Erklärung über seine allgemeine Hilfstätigkeit diktiert. Die offenbare polemische Schärfe der Gesamtkonstruktion in diesem Akt weist darauf hin, daß hier mehr als die Person von Pius XII. getroffen werden soll; in der einleitenden Szenenbeschreibung heißt es auch dementsprechend: »Der Schauspieler, der Pacelli gibt, soll bedenken, daß Seine Heiligkeit viel weniger Person als Institution ist« (S. 155). Diese Einsicht, die der Szene erst Gültigkeit verleiht, indem sie das Geschehen über das Einmalig-Biographische hinaushebt, wird vom Autor freilich im Anhang, den »Historischen Streiflichtern«, zurückgenommen, wenn dort Pius XII. von seinem Vorgänger abgehoben wird, der in ähnlicher Situation – so legt der Autor nahe – wohl anders gehandelt hätte (S. 258f.). Doch muß hier der objektive Gehalt der Papstszene völlig getrennt von der Meinung des Autors gewertet werden: Sie erhält ihr Gewicht nicht als Satire auf eine historische Persönlichkeit, sondern als Entlarvung von Ideologien, deren politische Wirkung im Geschichtsprozeß noch nicht aufgebraucht ist und deren mögliche Konsequenzen hier am historischen Beispiel mit großer Schärfe dargestellt werden. Der Antikommunismus als Komponente des Faschismus oder, wie im Fall der institutionalisierten Kirche, als Begründung des Bündnisses mit dem Faschismus, ist durchgehendes Thema auch der Szenen, die in steter Steigerung auf den Höhepunkt der Papstszene zuführen, des ganzen zweiten Akts und der zweiten Szene des dritten Akts: »Was immer Hitler mit den Juden anstellt, / er ganz allein besitzt die Macht, / Europa vor den Russen zu erretten.« (S. 84) – »Sind Sie so engstirnig zu übersehen, ja, / daß jeder Fluch der Kurie gegen Hitler / zur Siegesfanfare / der Bolschewisten wird, nicht wahr?« (S. 117f.)

Die Kontinuität und damit Aktualität solcher Ideologie zu vermitteln, ist der »Stellvertreter« indessen nur bedingt geeignet. Die Zwänge der illusionistischen Dramaturgie ziehen die ausschließliche Fixierung auf die historische Persönlichkeit und die damaligen besonderen Bedingungen der ideologischen Auseinandersetzung nach sich und ermöglichen, daß die potentiell kritische Wirkung in eine affirmative umschlägt, wenn die ausgesprochene Kritik nur der Vergangenheit gilt, von der sich zu distanzieren um so leichter fällt, als die Schuld in Personen konzentriert erscheint, die eine Übertragung von Erfahrungshorizont und Handlungsmöglichkeiten kaum zulassen. Für den Zuschauer bedeutet die Annahme dieser Perspektive, daß er von eigener Betroffenheit entlastet wird und die Kritik zu verallgemeinern nicht fähig ist. Wo der Mensch als Individuum die wesentliche Grundlage des Hochhuthschen Dramas bildet,[2] geht spätestens in der Rezeption der geschichtliche Zusammenhang verloren, indem »der individuelle Fall, der aufklärend für das furchtbare Ganze einstehen soll, ⟨...⟩ gleichzeitig durch seine eigene Individuation zum Alibi des Ganzen«[3] wird.

Kritische Gegenwartsbezüge, die nicht an die Protagonisten des Spiels gebunden sind, versucht das Stück unter einem anderen Aspekt zu vermitteln: der Kontinuität von Personen, die dem Faschismus aktive Vollstreckerdienste leisteten und danach in der Bundesrepublik unentdeckt ein bürgerliches Leben führen konnten, und, im Bezug auf die Ökonomie, der Kontinuität der Industriekonzerne, die mit der faschistischen Herrschaft eng verbunden waren, danach aber zur wichtigsten und unbefragten Stütze des neuen Staates wurden. Beide Aspekte sind in der »Ermittlung« von Peter Weiss mit einer Prägnanz herausgearbeitet, die dort wesentlich durch die spezifische Struktur als Träger der kritischen Bedeutung ermöglicht wird. Bei der geschlossenen Form von Hochhuths »Stellvertreter« sind diese Bezüge, da sie über den immanent dargestellten Zeitraum hinausreichen, weitgehend in die Zwischentexte verwiesen, wo sie – von der Bühnenaufführung her gesehen – adäquate Wirkung nicht entfalten können. In diesen Kommentaren von der Perspektive der Gegenwart aus gibt Hochhuth auch der Fiktion den Schein von Realität, wenn er den Lebensweg erfundener Figuren weiter verfolgt – ein Verfahren, das die geschichtliche Wirklichkeit zwar beglaubigt, das ästhetisch aber durch die Vermengung mit wirklich dokumentierten Beispielen fragwürdig wird.[4] Zugrunde liegt die richtige Einsicht in die Normalität, die diese Helfer des Systems kennzeichnet; auch bei dem Betriebspersonal von Auschwitz handelte es sich um »normale Menschen, die jetzt etwa als Briefträger, Amtsrichter, Jugendpfleger, Handelsvertreter, Pensionäre, Staatssekretäre oder Gynäkologen ihr Brot verdienen« (S. 179). Nur wäre diese Einsicht jetzt zu ergänzen durch den erklärenden Hinweis auf die

---

[2] Vgl. dazu als programmatische Grundlegung (und Anlaß zu Adornos ›Offenem Brief an Rolf Hochhuth‹) Rolf Hochhuth, ›Die Rettung des Menschen‹, in: Festschrift zum achtzigsten Geburtstag von Georg Lukács, hg. von Frank Benseler, Neuwied und Berlin 1965, S. 484–490.

[3] Theodor W. Adorno, Eingriffe. Neun kritische Modelle, Frankfurt am Main 1963 (= edition suhrkamp 10), S. 143.

[4] Vgl. die kennzeichnenden Passagen S. 28f., S. 106f., S. 184f.

bestimmende Macht der gesellschaftlichen Ideologie und auf die Hintergründe der Verwendbarkeit in politisch unterschiedlichen Systemen. Beide Gesichtspunkte sind zwar mit den Zwischentexten angesprochen, wegen der formalen Hindernisse aber nicht in die dramatische Gestaltung umgesetzt. Hier können allenfalls naturalistische Dialektschattierung und sorgfältige Milieuschilderung die Permanenz der kleinbürgerlichen Normalität anzeigen. Die Konzentration auf individuelles Handeln reduziert die Möglichkeiten, auf die vom Individuum unverstandenen Bedingungen dieses Handelns zu verweisen. In die szenische Gestaltung integriert ist dagegen die Darstellung der Rolle, welche die deutsche Großindustrie bei der Etablierung und Konsolidierung des nationalsozialistischen Staates gespielt hat. Sie wird wenn nicht politisch analysiert, so doch mit einer Konkretheit angesprochen, die in positiver Weise die historische Bedeutung des Stückes bestätigt. Die Jägerkeller-Szene, die zweite des ersten Aktes, bietet ein Tableau jener das Industriekapital beherrschenden Gesellschaftsschicht, die den von einer kleinbürgerlichen Massenbasis ausgehenden Nationalsozialismus für ihre Zwecke zu benutzen wußte und ihm zum politischen Erfolg mitverhalf. Ausführlich zur Sprache kommen die Verhältnisse bei Krupp, IG-Farben und später auch Siemens als den meistbetroffenen Konzernen (S. 36–39 und S. 46–49); in der dritten Szene des fünften Aktes wird mit dem Personal der Jägerkeller-Szene nochmals an den Komplex erinnert – jetzt vor dem unmittelbaren Hintergrund von Auschwitz (S. 205–208).

Dieser durch konkrete Nennung geschichtlicher Tatsachen in die Fiktion eingelagerte dokumentarische Gehalt hatte zur Entstehungszeit des »Stellvertreters« Berechtigung und Bedeutung allein schon als Information gegen die herrschende Meinungsbildung. Sobald freilich die Notwendigkeit der bloßen Sachinformation entfällt und genauere Funktionalisierung und Einordnung der Fakten historisch wie ästhetisch gefordert wäre, bleibt die kritisch aufklärende Wirkung aus. Im »Stellvertreter« sind die beschriebenen dokumentarischen Grundlagen nicht konsequent zum politischen Modell strukturiert, das ästhetisch vermittelte Erkenntnis auch für andere Bereiche als den dargestellten ermöglicht. Als immanenter Widerspruch, der in den folgenden Werken Hochhuths noch deutlicher hervortritt, zeigt sich die Verbindung zweier im Prinzip gegenläufiger Gestaltungstendenzen, nämlich zum einen der Verarbeitung dokumentarischen Materials, die in der real-geschichtlichen und literarischen Entwicklung ihren ästhetischen Sinn gewinnt als Ausdruck einer spezifisch parteilichen Stellungnahme der Kunst in einem konkret bezeichneten zeitgeschichtlichen Problemkreis, zum andern der Strukturierung des – fiktiven oder historischen – Geschehens in einer dramatischen Form, die mit der Konzentration auf individuelles Schicksal Konstanten der menschlichen Auseinandersetzung mit einer als unmenschlich erfahrenen Geschichte aufzeigt. Hier, im typisierten Konflikt, der letztlich tragische Weltgeschichte konstituiert, ist der eigentliche Modellcharakter von Hochhuths Werken zu sehen. Durch die Eigenart der Konstruktion erscheint im Besonderen ein Allgemeines, das im Grunde eben nicht konkret vermittelt ist: Postulate individuellen moralischen Handelns ohne Rücksicht auf geschichtliche Veränderung. Dieses Allgemeine tritt notwendig im Lauf der Rezeption zunehmend hervor und neutralisiert die Bedeutung des dokumentarischen Gehalts, nachdem die zeitgeschichtlichen Fakten allein wegen ihrer allgemeinen Bekanntheit keine spezifische Aussagekraft mehr besitzen. Dann wird auch die Beschränkung der Perspektive auf die Vergangenheit gleichgültig, da sich individuell Exemplarisches am beliebigen Ausschnitt nachweisen läßt. Konnten so Hochhuths Stücke bei ihrem Erscheinen zu Recht als dokumentarische Werke mit explizit politischem Gehalt verstanden werden, wird mit zunehmender Distanz das Dokumentarische als formale Komponente sichtbar, die den eigentlichen Gehalt des Werkes nicht entscheidend bestimmt.

b) »Soldaten«

Der Konflikt von allgemeiner Moral und politisch gebundener Staatsräson, beim Papst des »Stellvertreters« ein lösbarer Scheinkonflikt, der das ›christliche Trauerspiel‹ begründet, wird beim Churchill der »Soldaten« zum immanent unlösbaren Konflikt des Politikers, der die ›Tragödie‹ begründet. Gegen die Tendenz zur ahistorischen Typisierung der Situation scheint der explizite Gegenwartsbezug in den »Soldaten« – die Rahmenstruktur verdeutlicht dies – wesentlich verstärkt. Gerade Konkretheit und Aktualität des im Rahmen formulierten Appells aber verweisen auf die Brüchigkeit der Konstruktion:

Nicht daß der vorgetragene Appell sich als reformerisches Detail nur auf Oberflächenphänomene bezieht und kaum die Kunstform als Träger der Erkenntnis voraussetzt,[1] ist der entscheidende Einwand, sondern daß Modellcharakter und historische Dokumentation im Widerspruch stehen. Von der dramatischen Konzeption her sollte die Churchill-Handlung ein historisches Beispiel für die gegenwartsbezogene allgemeine These darstellen, in der dramatischen Realisierung aber erhält sie ein Übergewicht, das den Gehalt auf tragische Weltgeschichte im Zusammenhang eines personalistischen Geschichtsverständnisses konzentriert. Modellierung geschieht hier als Darstellung des unaufhebbaren Mißverhältnisses von Moral und Politik als einer geschichtlichen Konstante und tritt damit in einen entscheidenden Gegensatz zu dem im Rahmen intendierten Modellcharakter, der aufgrund historischer Analyse politische Veränderungen als notwendig und gegenwärtig möglich erscheinen lassen soll.[2] Die beschriebenen Inkonsequenzen der Struktur und der objektiv widersprüchliche Gehalt des Stückes bestimmen sich so wechselseitig. Politischer, also relativer und auf Veränderung zielender Modellcharakter ist mit der Form des Spiels im Spiel strukturell angelegt und dabei in jener Figur konzentriert, die Rahmen und Haupthandlung mehrfach verbindet: Dorland als geschichtlich Beteiligter, der seine Wandlung rückblickend als Autor, Regisseur und Mitspieler der Haupthandlung reflektiert, führt in seiner personalen Kontinuität ein Verhältnis zur Geschichte vor, das neben

---

[1] Das reformerische Anliegen ist vom Autor auch publizistisch in gleicher Argumentation und Formulierung vorgetragen worden: Rolf Hochhuth, Vom Soldaten zum Berufsverbrecher. Brief an den Bundespräsidenten und Schirmherrn des Deutschen Roten Kreuzes, in: R. H., Krieg und Klassenkrieg. Studien, Reinbek bei Hamburg 1971 (= rororo 1455), S. 106–129; Rolf Hochhuth, Appell an Verteidigungsminister Schmidt. Rede vor der Paulskirche am 20. März 1970, in: R. H., Die Hebamme. Komödie – Erzählungen / Gedichte / Essays, S. 327–334. – Wie sehr der Rahmen der »Soldaten« sich als unmittelbare Handlungsanweisung versteht, geht auch daraus hervor, daß Hochhuth in der angeführten Rede 1970 zur bekräftigenden Wiederholung selbst aus den »Soldaten« zitiert (S. 332). Allein diese Möglichkeit der unmodifizierten Übertragung in eine andere Textart muß Zweifel an der spezifisch ästhetischen Qualität des Schauspiels erregen.
[2] Bezeichnend für diese Spaltung ist auch die dramatische Aufnahme der Sikorski-Handlung, die für das im Rahmen thematisierte Problem des Luftkriegsrechts überhaupt nicht funktionalisiert werden kann.

leidender Passivität Möglichkeiten der Bewußtseinsveränderung bis hin zum eingreifenden Handeln aufzeigt. Auch der Titel des Stückes, »Soldaten«, verweist auf die Übertragbarkeit des historischen Beispiels, auf die Verantwortung und mögliche Betroffenheit nicht nur der geschichtlichen Führergestalten – die exemplarische Figur Dorlands bietet sich an zur positiven Identifikation. (Der Titel des »Stellvertreters« ist noch mehrdeutig, aber auch schon auf Übertragung angelegt: Riccardo handelt stellvertretend für den Papst, den versagenden ›Stellvertreter‹, und für all jene, die Widerstand und Opfer nicht vollziehen; er ist moralische, aufgrund seines Scheiterns aber nicht politische Identifikationsfigur.)

Daß diese Ansätze eines spezifisch politischen Theaters in den »Soldaten« nicht zur konsequenten Durchführung gelangt sind, findet seine Erklärung in dem insgesamt zugrundeliegenden pessimistischen Geschichtsverständnis, das tragische Geschichte im Scheitern der Großen verkörpert sieht und von daher auch strukturbestimmend wirkt. Tragödie und politisches Theater, Darstellung notwendigen Scheiterns und Aufruf zur Veränderung, ja präzise und detailliert geforderte politische Reform lassen sich schwerlich in eine sinnvolle Verbindung bringen und in eine ästhetisch gültige Struktur umsetzen.

Zur Illustration der Widersprüche und zur Relativierung des politischen Anspruchs sei nur erinnert an die geschichtsphilosophischen Ausführungen des Steinmetzen im Rahmenspiel, der als allegorische Figur mit besonderer Bedeutung belastet wird (S. 34–38); sie gipfeln in der Formulierung »Zweck der Geschichte ist Potenzverschleiß« (S. 38). Aufschlußreich ist auch die zum Essay ausgeweitete Regieanmerkung zu Beginn des zweiten Aktes, die schon deswegen nicht ausgeklammert werden kann, weil die angeführten Argumente auch dramatischen Personen in den Mund gelegt sind; hier lautet die zusammenfassende Formulierung: »Absurd sind Dasein und Exitus des Menschen in der Geschichte. Und ist seine Hoffnung, trotz der Geschichte.« (S. 100) Der vom Steinmetzen propagierte Gedanke vom ›Potenzverschleiß‹ wird im dritten Akt aufgenommen in dem breit ausgeführten Ideengespräch zwischen Churchill und dem Bischof von Chichester, der den Verlauf der Geschichte aus der »Ökologie« (S. 167) erklärt und die gleichsam naturwissenschaftlich begründete Tragik der Wiederholung dementsprechend deutet: »es ist *organisch*, nicht tragisch. / Tragisch nur für das Individuum, dessen Herz ankämpft / gegen die gleichgültige Natur, / die seine Taten mit ihm wegwischt.« (S. 168)[3]

Solche geradezu biologistischen Ansichten auf ihren allgemeinen Wert zu prüfen – die Kritik könnte kaum scharf genug ausfallen[4] – ist überflüssig, unnötig ist auch, erklärend Verbindungsmöglichkeiten zwischen widerstrebenden Tendenzen in der Intention des Autors zu suchen – für die ästhetische Kritik bleibt festzuhalten: Politisches Theater als Theater, dessen Gehalt politische Veränderung meint, dokumentarisches Theater, das Dokumente als Äquivalent eines engagiert-gegenwärtigen Wirklichkeitsbezugs in die ästhetische Struktur integriert, kann auf den bezeichneten ideologischen Grundlagen nicht eigentlich entstehen, und dies nicht allein wegen inhaltlicher Widersprüche, sondern weil diese Grundlagen letztlich die Struktur bestimmen. Personalisierte tragische Konflikte und Deutung der Vergangenheit als Exempel unausweichlicher und immerwährender geschichtlicher Gesetze[5] laufen dem Appell des Rahmenspiels zuwider und lösen insbesondere jene Forderung Dorlands nicht ein, die mögliche Funktion und Bedeutung politisch-dokumentarischen Theaters am Beispiel des gegebenen Stoffes umschreibt: »Sir Arthur, die Bühne ist kein Museum. / Historie ist dramatisch statt museal nur dort, / wo sie die Bedrohung des Menschen durch den Menschen / – die Formel für Geschichte – *heute* demonstriert. / Löwenherz, so tot, weil ungefährlich, ist nur noch Kostüm. /

---

[3] All diese Formulierungen erscheinen unverändert auch in Hochhuths essayistischem Werk. Vgl. vor allem Rolf Hochhuth, Der alte Mythos vom ›neuen‹ Menschen. Vorstudien zu einer Ethologie der Geschichte, in: R. H., Die Hebamme. Komödie – Erzählungen / Gedichte / Essays, S. 352–425. Die Parallelität von ästhetischer und nicht-ästhetischer Fassung verweist auf die mißlingende Modellierung inhaltlicher Thesen. Indiz mangelnder Integration auch die Zwischentexte der Dramen, die als Essays dem Bühnenstück strukturell äußerlich bleiben.

[4] Vgl. hierzu die konzentrierte Kritik von Jan Berg, Geschichts- und Wissenschaftsbegriff bei Rolf Hochhuth, in: Dokumentarliteratur, hg. von Heinz Ludwig Arnold und Stephan Reinhardt, München 1973 (= Edition Text + Kritik), S. 59–66.

[5] Die Verlagerung in das Typische als historisch nicht Differenziertes meint Joachim Kaisers Abwertung der »Soldaten« als ein »auf den zweiten Weltkrieg gestülpte⟨s⟩ Römerdrama« (Joachim Kaiser, Bewährungsproben. Die zweiten Stücke von Hochhuth und Sperr, Der Monat 20 [1968], H. 232, S. 52–57; Zitat S. 55).

Was aber die Deutschen und wir vor zwanzig Jahren praktizierten: /
wurde zur ABC-Fibel der *heutigen* Piloten.« (S. 44)[6]

c) »Guerillas«

Blieb der politisch appellative Charakter in den »Soldaten« auf das
Rahmenspiel beschränkt, so geht er bei den »Guerillas« in die Gesamtkonstruktion ein, indem wünschenswerte Ereignisse als real in die
Gegenwart projiziert werden. Die dermaßen ermöglichte fiktive Handlung, die Dokumentarisches nur noch für die Zeichnung des Gesche-
henshintergrundes einsetzt, hat ausdrücklich politischen Modellcharakter; sie ergreift Stellung gegen die korrupte Oligarchie der USA, gibt
konkrete Beispiele für die innere Zersetzung der demokratischen Staatsform und versucht sich schließlich in einem Lösungsvorschlag. In der
Selbsteinschätzung des Autors hat das Drama, wie es im Vorwort
heißt, gar die Aufgabe, »durch Szenen anzuregen, die das Delikt der
Aufruhrhetze erfüllen, das seit 1968 in den USA mit Zuchthaus bestraft wird« (S. 14).

Aber nicht nur die scheinbare politische Radikalität wird gesteigert
– die Handlung zeigt ausdrücklich Gewalttaten um der gewünschten
politischen Veränderung willen[1] –, sondern auch jene bereits in den
»Soldaten« verbalisierte Geschichtsauffassung der hinter allen wechselnden Erscheinungsbildern hervortretenden Konstanz in der Wiederholung. Gesteigert wird damit die grundsätzliche Widersprüchlichkeit
zwischen politisch-aufklärerischer Intention und resignativer Zurücknahme aller vereinzelten Erkenntnis in die menschliche Ohnmacht
gegenüber einem unbeeinflußbaren Geschichtsverlauf. Vor diesem Hintergrund dient die Form der fünfaktigen Tragödie nicht etwa der
satirischen Spiegelung gänzlich untragischer, nämlich hier und jetzt zu
ändernder Verhältnisse, sondern der Darstellung individuellen Scheiterns, das in Analogie zum Schicksal anderer historischer Gestalten

---

[6] In einer späteren Ausgabe des Textes (Rolf Hochhuth, Dramen, Stuttgart
⟨o. J.⟩) folgt hier noch, die Aktualisierung verdeutlichend: »Korea, Viet-
nam – die Zivilistenmorde dort: / das ist *unsre*, ist deutsch-britische
Schule! «(S. 331)
[1] Vgl. die Ermordung des spionierenden Froschmanns in III, 1.

gesehen wird. Paradox genug kennzeichnet das Vorwort das dramatische Verfahren des politischen Stückes »Guerillas« als Entwurfs einer
»Revolution« (S. 10, S. 20) mit folgenden Ausführungen: »Dabei
wurde die Realität auf ihren Symbolwert entschlackt; so wenig wie
ihre Sprache sind die Menschen, die hier agieren, naturalistisch abgehorcht und gesehen – sie sind Ideenträger. Ein Drama soll der Forderung zu genügen suchen, die Ortega y Gasset den Historikern stellte:
den Einzelnen auf das hin zu erforschen, das typisch ist an ihm; und
im Historischen das zu suchen, was immer wiederkehrt.« (S. 20) Aufgabe ist, »geschichtliche Konstanten zu suchen, denen man den Dokumentenschutt zuordnet, anstatt umgekehrt vorzugehen« (S. 10).[2] Und
wieder sind diese Konstanten letztlich in der »Ökologie« (S. 10f.) begründet, die auch im Drama sinngemäß durch den Mund Professor
Wieners als regulatives Prinzip der Weltgeschichte erläutert wird.[3]
Damit erscheint hinter der dokumentarisch-kritisch wirkenden Oberfläche jener andere, Fakten nicht vermittelnde, sondern entwertende
Modellcharakter, der statt auf politische Interpretation der Gegenwart
auf Geschichtsphilosophie zielt, der geschichtlich Entferntestes zusam-
menschließt und so im Ungeschichtlichen endet.[4] Dieses Ergebnis läßt
auch keine Verwechslung aufkommen zwischen der hier vollzogenen
Konstruktion, die idealistisch auf übergeschichtlichen Konstanten grün-

---

[2] Hochhuth zitiert zustimmend Oswald Spengler und Ortega y Gasset.
Spengler: »Geschichtsschreibung ist überhaupt keine ›Wissenschaft‹, sondern ist ⟨...⟩ mit der großen Epik und Tragödie und Philosophie in der
Tiefe identisch. Sie ist Metaphysik.« (S. 9) Ortega y Gasset: »Den unter-
geordneten Techniken, durch welche sie ⟨die Geschichtsschreibung⟩ sich
der Tatsachen versichert, muß man eine andere von unvergleichlich viel
höherem Rang hinzufügen und voranstellen: die Ontologie der historischen Wissenschaft, die apriorische Untersuchung ihrer Wesensstruktur.«
(S. 10) – »Diese Konstanten der historischen Realität bilden ihre grund-
legende, kategoriale, apriorische Struktur, welche, da sie a priori ist,
prinzipiell nicht von den Wandlungen der konkreten historischen Inhalte
abhängt.« (S. 10)

[3] Vgl. auch die Charakterisierung Wieners in der Regieanmerkung S. 148,
wo die Lektüre von Konrad Lorenz als wichtige Grundlage seiner Anschauungen genannt wird.

[4] Kennzeichnend für dieses Verfahren ist folgendes Beispiel: »Die Gracchen
und die Kennedys:/zweimal zwei brüderliche Prinzen, die da glaubten,/
es sei noch nicht zu spät,/die Revolution durch Reformen aufzuhalten«
(S. 111).

det, und der Konstruktion des historischen Materialisten, die aus der je gegenwärtigen Erfahrung realer Geschichte gewonnen wird.

Lediglich vom Stoff her wäre dem Stück »Guerillas« gesellschaftlicher Gehalt im Gegenwartsbezug zuzuschreiben: es spiegelt das Ende jener Versuche in den westlichen Industriestaaten, durch Druck von unten die gesellschaftlichen Verhältnisse zu beeinflussen, und ist damit Zeichen der Wendung vom revolutionär gesinnten Aufbruch der sechziger Jahre zur bescheidenen Reform-Arbeit der siebziger Jahre. Rudi Dutschkes theoretisches Konzept der Umkehr, der ›lange Marsch durch die Institutionen‹, wirkt als Grundlage der in den »Guerillas« vorgeführten Projektion.[5] Nicht bedacht werden freilich die Ambivalenz des (in Dutschkes Modell nicht vorkommenden) Staatsstreichs, der politisch unkontrollierbar zum Umschlag neigt, und überhaupt die Machbarkeit und Effektivität des vorgeschlagenen Reformprogramms – das sich nach Anspruch und Technik des Stückes unmittelbar an der Wirklichkeit messen lassen muß.

Wenn bei aller Fragwürdigkeit der politischen Vorstellungen zeitkritische Einzelheiten in großer Zahl gehäuft sind, so werden diese mehr noch als durch die programmatischen Geschichtsbetrachtungen des Autors – die durch den objektiven Gehalt des Werkes widerlegt werden könnten – durch das ästhetische Mißlingen des Werkes desavouiert und zur Wirkungslosigkeit verurteilt. Die triviale Spannungsdramaturgie, zu der das (vom Anspruch her anders begründete) Tragödienschema gesunken ist, kann hier auch als emotional wirkendes Transportmittel politischer Agitation nicht mehr legitimiert werden: Indem die Kunstform sich an das allzu Bekannte trivialliterarischer Modelle vollständig anpaßt, werden Affekte und Emotionen verbraucht und abgeleitet, nicht aber erregt und aufgebaut. »Soweit sich Literatur nur für Meinungen engagiert, denen sie jeden Stoff unterwirft, mag sie sympathisch oder unsympathisch, nützlich oder schädlich scheinen, je nach den Meinungen, auf sich selbst jedenfalls als Erkenntnis durch Sprache hat sie dann verzichtet, dient nur noch als ideologi-

---

[5] Dutschke »gab die Formel, nach der allein / ihr so mächtig werden könntet wie die Machthaber: / der lange Marsch durch die Institutionen. / Wir Offiziere und Guerillas / haben nichts anderes getan – als uns hochgedient: / durch die Institutionen an ihre Hebel. / Mühevoll und aussichtsreich –« (S. 77).

sches Transportunternehmen. So progressiv sie sich auch politisch ge-
bärden mag, literarisch betreibt sie dann die Sache der Reaktion. Denn
nur erstarrte, konventionelle Schreibweisen, da realitätsblind geworden, lassen sich leicht zu jedwedem Zweckdienst abrichten.«[6]
Reformismus im Detail als Bestätigung der gegebenen Verhältnisse
– diese Formel für den ideologischen Gehalt der Hochhuthschen Werke
läßt sich auch auf die Entwicklung seiner Dramenform anwenden,
deren grundsätzliche Invariabilität – trotz aller Veränderungen der
Oberfläche – auf ihre ideologische Konstanz zurückverweist. War die
Einführung des Dokumentarischen über die konventionelle Illusions-
dramatik des »Stellvertreters« noch von historischer Bedeutung für die
Literatur der Bundesrepublik, so können die »Guerillas«, die abseits
der literarischen Entwicklung in ästhetischer wie gehaltlicher Trivialität enden, im Vergleich mit anderen Werken endgültig nicht mehr als
politisch-dokumentarisches Theater betrachtet werden.

---

[6] Reinhard Baumgart, Aussichten des Romans oder Hat Literatur Zukunft?
Frankfurter Vorlesungen, S. 113f.

3. Der gegenwärtige Prozeß: Peter Weiss

a) »Die Ermittlung«

Die durch individuelle Konkretion verdeutlichte Kontinuität von Bewußtseinsstrukturen über das politische Ende des Nationalsozialismus hinaus konnte in der dramatischen Form von Hochhuths »Stellvertreter« – ohne die Möglichkeit unmittelbarer szenischer Umsetzung – allenfalls in die vorausweisenden Anmerkungen aufgenommen werden. Diese geschichtlich relevanten Hinweise, vor allem auch die Andeutung politisch-ökonomischer Beziehungen, kommen jedoch durch das Übergewicht der Thematik von Schuld und Versagen des Papstes nicht zur Geltung. Gesellschaftsanalyse wird spätestens in der Rezeption durch das Interesse an der historischen Einzelpersönlichkeit verdrängt. Wie dem künstlerischen Versagen im Auschwitz-Akt des »Stellvertreters« die adäquate Gestaltung der »Ermittlung« gegenübersteht, so der ambivalenten Geschichtsbetrachtung die bewußte Konstruktion zum gesellschaftskritischen Modell.

Während im Frankfurter Prozeß bereits die enge Verbindung von Vergangenheit und Gegenwart vorgebildet war, ist in der dramatischen Umsetzung das Schwergewicht von der Ermittlung eines vergangenen auf die Ermittlung eines gegenwärtigen Tatbestands verschoben. Der vor allem die Fakten der Vergangenheit betreffende Informationscharakter, der die Grundlage möglicher Aufklärung bildet, ist mit der kritischen Tendenz untrennbar verbunden. Das Lager wird in der Gestaltung des Werkes – wesentlich durch die Abstraktion von der Rassen-Ideologie – zum Modell der Menschenausbeutung und Menschenvernichtung im faschistischen Staat, dessen Entstehung aus der Krise der bürgerlich-liberalen Gesellschaftsorganisation im Kapitalismus dabei im Bewußtsein gehalten werden muß. Vorgeführt wird weiter, wie das Funktionieren eines unmenschlichen Systems von Helfern abhängt, welche die Unmenschlichkeit zu erkennen nicht mehr fähig sind. Ohne Rücksicht auf den Schuldvorwurf im Einzelfall geht es in der modellierenden Konzentration um die Bedingtheit von Bewußtseinsstrukturen durch das gesellschaftliche System – diese Einsicht weitet sich notwendig zur fundamentalen Gesellschaftskritik, wenn das im Faschismus eingeübte und bestätigte Denken in der Gegenwart der Bundesrepublik noch nicht endgültig überwunden, seine radikale geschichtliche Negativität noch nicht allgemein erkannt ist.[1] Die Tatsache, daß die Vollstreckungsgehilfen von einst als anerkannte Bürger in den neuen Staat integriert werden konnten, mag beim Einzelnen auf Zufall beruhen; personelle Kontinuität wird aber als die Kontinuität überindividueller Strukturen unabweisbar deutlich, wo die Haltung der mittlerweile Angeklagten Züge offenbart, die ohne Stützung durch die gesellschaftliche Umgebung unmöglich scheinen: die Nichtanerkennung und Verdrängung von geschichtlichen und persönlichen Fakten, das fehlende Unrechtsbewußtsein, die Weigerung, aus dem Vergangenen Konsequenzen zu ziehen. Obwohl die Angeklagten im Gegensatz zu den Zeugen unter ihrem bürgerlichen Namen auftreten, wird ihre stellvertretende Funktion ausdrücklich betont; in der dem Stück vorausgehenden »Anmerkung« heißt es: »Die 18 Angeklagten dagegen stellen jeder eine bestimmte Figur dar. Sie tragen Namen, die aus dem wirklichen Prozeß übernommen sind. Daß sie ihre eigenen Namen haben ist bedeutungsvoll, da sie ja auch während der Zeit, die zur Verhandlung steht, ihre Namen trugen, während die Häftlinge ihre Namen verloren hatten. Doch sollen im Drama die Träger dieser Namen nicht noch einmal angeklagt werden. Sie leihen dem Schreiber des Dramas nur ihre Namen, die hier als Symbole stehen für ein System, das viele andere schuldig werden ließ, die vor diesem Gericht nie erschienen.« (S. 9)[2] ›System‹ meint hier den nationalsozialistischen

---

[1] Die entschiedene Akzentuierung der gesellschaftlichen Problematik ist nicht mit der Behauptung abzuwehren, daß die »Ermittlung« »ganz eindeutig im Sinne der kommunistischen Polemik gegen die Bundesrepublik als neonazistischen, faschistischen und imperialistischen Staat abgefaßt« sei (Fred Müller, Peter Weiss. Drei Dramen, München 1973 [= Interpretationen zum Deutschunterricht], S. 58).

[2] Bedenkenswert ist dennoch die Kritik von Wolfgang Hädecke an dieser Namengebung und Rollenverteilung. Die Begründung des Autors gilt nicht

Staat; im Aufbau des Stückes zeigt es sich aber, daß die Angeklagten in der genannten Weise auch eine Tendenz des Nachfolgestaats vertreten.[3] Die »Ermittlung« befaßt sich nicht mit dem strafrechtlichen Aspekt und will den Frankfurter Prozeß immanent weder kritisieren noch weiterführen – sie bezieht sich auf den Prozeß der allgemeinen Bewußtseinsveränderung, den das Ereignis von Auschwitz zur Folge haben muß, wenn nicht nachträglich der Verlauf der Geschichte nur dessen Sinnlosigkeit bestätigen soll. Auch die immer zugestandene Verurteilung des deutschen Faschismus und besonders seiner Greuel zu wiederholen, ist nicht Aufgabe des Stückes; in seiner Struktur realisieren sich Erkenntnis und Kritik latent vorhandener faschistischer Bewußtseinsinhalte, die wiederum nicht ohne bestimmte gesellschaftliche Grundlagen erklärbar sind. Dokumentiert ist solche Kontinuität – dies gilt es festzuhalten – bereits im Material des Modells, der gesellschaftlich geprägten Sprache. Im Erfassen der objektiven Wirklichkeit zeigt so die kritische Konstruktion »das Nachleben des Nationalsozialismus *in* der Demokratie als potentiell bedrohlicher denn das Nachleben faschistischer Tendenzen *gegen* die Demokratie. Unterwanderung bezeichnet ein Objektives; nur darum machen zwielichtige Figuren ihr come back in Machtpositionen, weil die Verhältnisse sie begünstigen.«[4]

Wenn die »Ermittlung« die Rolle der Großindustrie zur Sprache bringt, geht sie einen entscheidenden Schritt über die Darstellung in Hochhuths »Stellvertreter« hinaus. Zwar schilderte jener sehr konkret die durch die besonderen Umstände ermöglichte krasse Form der Aus-

---

mehr für die Zeit des Prozesses, für die eine Anonymisierung der Angeklagten die symptomatische Bedeutung zusätzlich betont hätte: »Hier erweisen sich die Opfer der Barbarei durchaus als Einzelpersonen, die ihre Individualität wiedergewonnen haben; schablonenhaft erscheinen eher die Verhaltensweisen und Argumentationen der Angeklagten.« (Wolfgang Hädecke, Zur ›Ermittlung‹ von Peter Weiss, Neue Rundschau [1966], S. 165–169; Zitat S. 166)

[3] Personelle und ökonomische Kontinuität erscheinen im Prozeß auch in zeichenhaft konkreter Verbindung: »Die Angeklagten in diesem Prozeß / stehen nur als Handlanger ganz am Ende / Andere sind über ihnen / die vor diesem Gericht nie / zur Rechenschaft gezogen wurden / Einige sind uns hier begegnet / als Zeugen / Diese leben unbescholten / Sie bekleiden hohe Ämter / sie vermehren ihren Besitz / und wirken fort in jenen Werken / in denen die Häftlinge von damals / verbraucht wurden« (S. 195).

[4] Theodor W. Adorno, Eingriffe. Neun kritische Modelle, S. 126.

beutung bis zur Vernichtung in den Betrieben, die mit dem Regime zusammenarbeiteten, Reflexionen über einen oberflächlichen oder tiefgreifenden Wandel der ökonomischen Strukturen jedoch mußten dem Zuschauer überlassen bleiben. Auch die »Ermittlung« beschränkt sich stellenweise auf die bloße Erwähnung bestimmter Namen, die für den Zuschauer mit seinem Vorwissen freilich Signalwirkung haben (S. 13 und S. 18); gesteigerten exemplarischen Charakter hat schon die ausführlich dargestellte wirtschaftliche Verwertung des Häftlingseigentums (S. 30f.) – die Zuspitzung dieser bekannten Fakten aber geschieht dadurch, daß die neuen ungeahnten Erfolge der kapitalistischen Produktion nach Kriegsende als ideologische Rechtfertigung des Nachfolgestaats Bundesrepublik und in paradoxer Umkehrung als Zeichen für die Überwindung der Vergangenheit erscheinen: »*Ankläger* Sie Herr Zeuge / sowie die anderen Direktoren / der großen Konzerne / erreichten durch unbegrenzten Menschenverschleiß / Jahresumsätze von mehreren Milliarden *Verteidiger* Wir protestieren *Ankläger* Lassen Sie es uns noch einmal bedenken / daß die Nachfolger dieser Konzerne heute / zu glanzvollen Abschlüssen kommen / und daß sie sich wie es heißt / in einer neuen Expansionsphase befinden« (S. 102) Die Anklage wird am Schluß des Dramas, an der für die Appellstruktur zentralen Stelle, zur Rechtfertigung gewendet, die den Zuschauer im Zusammenhang dieses Textes zur Gegenreaktion herausfordert: »⟨*Angeklagter 1*⟩ Wir alle / das möchte ich nochmals betonen / haben nichts als unsere Schuldigkeit getan / selbst wenn es uns oft schwer fiel / und wenn wir daran verzweifeln wollten / Heute / da unsere Nation sich wieder / zu einer führenden Stellung / emporgearbeitet hat / sollten wir uns mit anderen Dingen befassen / als mit Vorwürfen / die längst als verjährt / angesehen werden müßten *Laute Zustimmung von seiten der Angeklagten*« (S. 198f.)

Wenn die Ohnmacht gegenüber dem staatlichen Zwangsapparat von den Angeklagten und vom Verteidiger als Erklärung ihres Handelns angeführt wird (S. 22, S. 27, S. 115, S. 119, S. 146, S. 198), soll dies nicht allein als Flucht vor der persönlichen Verantwortung verstanden werden, sondern mehr noch als die Kritik eines Systems, das solche Möglichkeiten – auch des Verlusts jeglichen Rechtsgefühls – schafft. Deswegen wird berichtet, wie die Perversion des Systems, dessen extremste Form das Lager darstellt, auch die Häftlinge als dessen

Opfer erfassen konnte (S. 37–39, S. 49f., S. 52).[5] Konzentriert ist dieser
Gehalt in den Worten des Zeugen 3 im vierten Gesang. Mit der Erklärung des Lagers aus dem System verbindet sich die Ablehnung jeder
Reduktion auf Individuelles; folglich können auch Aussagen über die
in der Gegenwart noch fortdauernde latente Bedrohung gemacht werden: »Auch wir Häftlinge / vom Prominenten / bis hinab zum Sterben-
den / gehörten dem System an / Der Unterschied zwischen uns / und
dem Lagerpersonal war geringer / als unsere Verschiedenheit von denen / die draußen waren« (S. 84f.) – »Wir müssen die erhabene Haltung fallen lassen / daß uns diese Lagerwelt unverständlich ist / Wir
kannten alle die Gesellschaft / aus der das Regime hervorgegangen
war / das solche Lager erzeugen konnte / Die Ordnung die hier galt /
war uns in ihrer Anlage vertraut / deshalb konnten wir uns auch noch
zurechtfinden / in ihrer letzten Konsequenz / in der der Ausbeutende in
bisher unbekanntem Grad / seine Herrschaft entwickeln durfte« (S.
85f.) – »Wir / die noch mit diesen Bildern leben / wissen / daß Millio-
nen wieder so warten können / angesichts ihrer Zerstörung / und daß
diese Zerstörung an Effektivität / die alten Einrichtungen um das Viel-
fache / übertrifft« (S. 86) – »Ich kam aus dem Lager heraus / aber das
Lager besteht weiter« (S. 88). Das unvermittelt Thesenhafte dieser
Aussagen ist Indiz für die Schwierigkeit, ihre ästhetische Konkretion
aus dem dokumentarischen Material zu gewinnen. Und selbst dieser
unleugbare Bruch der Darstellung verweist auf ein Objektives: daß
nämlich die wahren Gründe im Frankfurter Prozeß nicht ihrer Bedeutung gemäß ›zur Sprache gekommen‹ sind. Kritische Modellierung
mußte hier also notwendig über den Rahmen der Dokumente hinaus-
gehen. Die Argumentation bleibt indessen nicht inhaltlich: Die Deutung, welche die Gegenwärtigkeit des Lagers als die Gegenwärtigkeit
seiner Voraussetzungen im Widerspruch zu jeder vorschnellen historischen Einordnung herausstellt, wird strukturell in der beschriebenen
Stilisierung des Dokuments umgesetzt. Die Abstraktion in der Differenz zum realen Prozeß wendet sich gegen die Einmaligkeit des Ge-

---

[5] Vgl. die Feststellung von Theodor W. Adorno: »Die Technik der Konzentrationslager läuft darauf hinaus, die Gefangenen wie ihre Wächter zu
machen, die Ermordeten zu Mördern.« (Theodor W. Adorno, Minima Moralia. Reflexionen aus dem beschädigten Leben, Frankfurt am Main 1969
[= Bibliothek Suhrkamp 236], S. 130)

schehens als eines vergangenen, das distanzierte Nennen, Aufzählen und Berichten zielt auf Reflexion an Stelle von emotionaler Überwältigung durch persönliches Schicksal.[6] Die Ästhetisierung des Dokuments hat ihre geschichtliche Begründung und Berechtigung als – im mehrfachen Sinne – Vergegenwärtigung des dokumentierten Einzelfalls; in der Aufhebung des Individuellen durch die formale Gestaltung erscheint die geschichtliche Erkenntnis, daß Auschwitz ein gesellschaftlich bestimmtes Ereignis darstellt. In der »Anmerkung« zum Stück ist nur die Technik der Bearbeitung, nicht ihr Ergebnis erläutert: »Hunderte von Zeugen traten vor dem Gericht auf. Die Gegenüberstellung von Zeugen und Angeklagten, sowie die Reden und Gegenreden, waren von emotionalen Kräften überladen. Von all dem kann auf der Bühne nur ein Konzentrat der Aussage übrig bleiben. ⟨...⟩ Die persönlichen Erlebnisse und Konfrontationen müssen einer Anonymität weichen. Indem die Zeugen im Drama ihre Namen verlieren, werden sie zu bloßen Sprachrohren. Die 9 Zeugen referieren nur, was hunderte ausdrückten.« (S. 9)

Emotionale Ausbrüche und betont individuelles Sprechen finden sich dagegen noch in den Reden der Angeklagten und auch des Verteidigers; sie haben hier die umgekehrte Funktion, das subjektive Unverständnis und gänzlich inadäquate Verhalten dem Verfahren gegenüber zu denunzieren – im Kontext nimmt der Zuschauer nicht Anteil, sondern distanziert sich von dieser Position. Das wiederholte chorische Lachen der Angeklagten bedeutet durch die Stilisierung einen Verfremdungseffekt, der wiederum von der zufälligen Subjektivität absieht und auf die gemeinsamen Grundlagen der Gruppe verweist. Ästhetisch geschieht die kritische Aufdeckung gesellschaftlich geprägter Bewußtseinsstrukturen wesentlich durch die Montage, insbesondere im Zu-

---

[6] Daß diese Distanzierung nicht Emotionslosigkeit bedeutet, versteht sich schon in Anbetracht des Themas. Peter Weiss bemerkt dazu: »Die Figuren auf der Bühne selbst sprechen scheinbar frei von Emotionen, sie machen nur ihre Aussagen, die direkt dem Wort entnommen sind, dem faktischen Wort, das in diesem Prozeß geäußert wurde. Aber der Inhalt dieser Worte ist so stark und enthält so viele gefühlsmäßige Werte, daß sich die natürlich auf den Zuschauer verpflanzen.« (Engagement im Historischen. Ernst Schumacher unterhielt sich mit Peter Weiss, Theater der Zeit 20 [1965], H. 16, S. 4–7; Zitat S. 5) Die sprachliche Konzentration bewirkt freilich andere Emotionen als »ein naturalistisch-individualistisches Theater« (S. 7).

94

schauerbezug durch jene Verfremdungstechnik, die mittels ›harter Schnitte‹ und zugespitzter Kontraste Widersprüche akzentuiert und andere Haltungen als die auf der Bühne vorgetragenen herausfordert. Das unumgängliche Bearbeitungsprinzip des dokumentarischen Theaters, die Auswahl der Dokumente, wird so zum bedeutungsvermittelnden Kunstprinzip. Die bewußte Konstruktion als geschichtliche Interpretation und nicht die faktische Nähe zum realen Prozeß begründen die eigene Bedeutung als die Objektivität des Werkes: »Je entschlossener Weiss die Materialien bündelt und rafft, je mehr er interpretierend hinzufügt (das Höllensignal des uniformen Gelächters!), je konsequenter er seine Praktik befolgt, die Szenen pointiert-provokatorisch schließen zu lassen – desto wahrer wird seine Geschichte, desto plausibler die Prozeß-Retraktion auf dem Theater.«[7]

Die Montage überwindet die Neutralität der Fakten und integriert den kritischen Gehalt unlösbar in die Struktur: Mehr als in den unvermittelt vorgetragenen Vorwürfen des Anklägers zeigt sich in dieser Weise der kritische Gegenwartsbezug in der scheinbaren Positivität der Einwände von Verteidiger und Angeklagten, die – mit ironisierender Verfremdung formuliert und montiert – die Realisierung einer Gegenposition fast unumgänglich erzwingen. In ihrer Konzentration auf den Schluß hin und mit dem Kulminationspunkt gerade in den letzten Worten halten sie das Werk offen und verhindern dauerhaft dessen Neutralisierung zum rückwärtsgewandten feierlichen Gedächtnisspiel, zur folgenlosen, ja vielleicht entlastenden Erinnerung nur an vergangenes Unrecht. Die zitierende Grundstruktur, die es ermöglicht, die höchste Unmenschlichkeit des Systems zur Sprache zu bringen, ohne sie auf irgendeine Weise verbildlichen, ästhetisch gänzlich umsetzen zu müssen, bewahrt das Werk auch vor jener Versöhnung, die es als autonom Gestaltetes nicht ausschließen könnte.[8]

---

[7] Walter Jens, ›Die Ermittlung‹ in Westberlin, in: Über Peter Weiss, hg. von Volker Canaris, Frankfurt am Main 1970 (= edition suhrkamp 408), S. 92–96; Zitat S. 93.

[8] Vgl. zu dieser Aporie der Kunst nach Auschwitz Theodor W. Adorno, Noten zur Literatur III, Frankfurt am Main 1965 (= Bibliothek Suhrkamp 146), S. 126f. – Zur ästhetisch autonomen Gestaltung des Geschehens auch und gerade in Schönbergs »Überlebendem von Warschau« sagt Adorno: »Aber indem es, trotz aller Härte und Unversöhnlichkeit, zum Bild gemacht wird, ist es doch, als ob die Scham vor den Opfern verletzt

Daß dennoch die faktischen Einzelheiten, welche die Realität der Vergangenheit aufrufen, äußerlich den größten Teil des Textes füllen, widerspricht nicht der abstrahierenden Tendenz zum Modell zweier Gesellschaften, der vergangenen, die durch das Lager gekennzeichnet ist, und der gegenwärtigen, deren uneingestandene Verbindungen zur Vergangenheit sich in der Haltung zum Lager offenbaren. Von der Faktenhäufung kann deswegen nicht abgesehen werden, weil die politische Analyse erst zusammen mit der Masse der Einzelheiten die Qualität des gesamten Geschehens anzeigen kann: Abstraktion geschieht von individueller Bedingtheit, nicht aber von geschichtlicher Größenordnung. Diese gegen alle Versuche falscher Parallelisierung oder vorschneller Einordnung zu schützen, ist der Sinn des umfänglichen dokumentierenden Berichtens. Nicht zu leugnen ist trotz dieser Begründung, daß Quantität und Qualität des Faktischen die Realisierung des Modells in der Rezeption verhindern können. Die ungelösten Widersprüche auch der durchgeführten Form verweisen auf das Grundproblem des dokumentarischen Theaters, die Schilderung von Oberflächenwirklichkeit und die geschichtliche Deutung als Konstruktion ineinander zu vermitteln. Erasmus Schöfer schreibt: »Wenn formale Kritik an dem Stück geübt wird, dann müßte sie sich vor allem dagegen richten, daß die beschriebenen Hintergründe des Auschwitz-Phänomens in der Vergangenheit und Gegenwart *zu wenig* deutlich herausgearbeitet sind, daß sie im Verhältnis zur Schilderung des Vordergründig-Faktischen in zu geringer Textmenge ausdrücklich angesprochen werden.«[9] Die

---

wäre. ⟨...⟩ Die sogenannte künstlerische Gestaltung des nackten körperlichen Schmerzes der mit Gewehrkolben Niedergeknüppelten enthält, sei's noch so entfernt, das Potential, Genuß herauszupressen. ⟨...⟩ Durchs ästhetische Stilisationsprinzip, und gar das feierliche Gebet des Chors, erscheint das unausdenkbare Schicksal doch, als hätte es irgend Sinn gehabt; es wird verklärt, etwas von dem Grauen weggenommen ⟨...⟩. Noch der Laut der Verzweiflung entrichtet seinen Zoll an die verruchte Affirmation.« (S. 126f.) Mit der Aufhebung der ästhetischen Autonomie in der »Ermittlung« als dokumentarischem Werk ist eine mögliche Antwort auf die geschilderte Aporie gefunden. Das ästhetische Stilisationsprinzip, das auch hier Bedeutung konstituiert, bleibt im zitierten Dokument gebunden und gerät nicht zum ›Bild‹. Auch was Adorno an der angegebenen Stelle zur Aufnahme des Völkermords in engagierter Literatur kritisch ausführt, trifft, wie der Zusammenhang zeigt, die »Ermittlung« nicht.

[9] Erasmus Schöfer, Hinweise zu einer notwendigen ›Ermittlung‹, Wirkendes Wort 16 (1966), S. 57–62; Zitat S. 62. – Ähnlich argumentiert Walter

Schwierigkeiten der Hintergrunds-Darstellung in der Bindung ans Dokument liegen hier auch darin begründet – auf diese spezifische Bedingung ist noch einmal hinzuweisen –, daß die Hintergründe eben nicht Thema des Prozesses waren. So wird, trotz des adäquaten strukturellen Ansatzes, im Konkreten nicht immer das Allgemeine sichtbar, ist im Ausschnitt nicht durchgehend das Ganze enthalten.

Wenn der dokumentarische Gehalt den unmittelbaren gesellschaftlichen Kontext der »Ermittlung« deutlich bestimmt, ist eine geschichtliche Aussage des Werkes, die über die Bedingungen der Entstehungszeit hinausgreift, damit keineswegs ausgeschlossen.[10] Für die Bundes-

---

Jens, ›Die Ermittlung‹ in Westberlin, in: Über Peter Weiss. – Neben solcher Kritik, die von grundsätzlicher Anerkennung ausgeht, stehen scharf formulierte Einwände im Zusammenhang allgemeiner Bedenken gegen das dokumentarische Theater: »Diese Ermittlung ermittelt nichts, sie vermittelt nur, eine wüste Summe nämlich von Fakten und Aspekten. ⟨...⟩ Ein nur technisch geschicktes Collagieren von Dokumenten bringt Auschwitz nicht zum Vorschein.« (Reinhard Baumgart, Literatur für Zeitgenossen. Essays, Frankfurt am Main 1970 [= edition suhrkamp 186], S. 25) Oder: »Der Respekt vor den großen Tötern und die Faszination des Grausamen – drängen die sich nicht, ganz gewiß unfreiwillig, aber einfach, weil die Form der Ermittlung das provoziert, ungebührlich wieder nach vorn? Die Übermacht des Faktischen überlistet gerade durch die scheinbare Nüchternheit der Darstellung den Autor, der etwas ermitteln möchte, der Klarheit für sich und für uns gewinnen möchte. Der protokollarisch versicherte ›Fall‹, die juristisch faßbare Schuld, sie reduzieren einen historischen Vorgang auf seine kriminelle Perspektive und entlasten die vielen Mit-Verantwortlichen, die drum herumkamen, sich die Hände zu beschmutzen.« (Ernst Wendt, Moderne Dramaturgie, S. 141) Die letzte Folgerung verkennt durchaus das Werk, nicht nur die Intention des Autors (Wendts Anmerkungen ähneln der ausschließlich surrealistischen Deutung des Gesamtwerks bei Karl Heinz Bohrer, Die gefährdete Phantasie, oder Surrealismus und Terror, München 1970 [= Reihe Hanser 40], S. 62–88). – Ungültig wird die Kritik an der Übermacht des Faktischen, wenn sie lediglich die Unbedeutendheit des politischen Gehalts belegen möchte: vgl. Reinhard Meier, Peter Weiss: Von der Exilsituation zum politischen Engagement, Diss. Zürich 1971, S. 64–70; Peter Michelsen, Peter Weiss, in: Deutsche Dichter der Gegenwart. Ihr Leben und Werk, hg. von Benno von Wiese, Berlin 1973, S. 292–325.

[10] Möglichkeiten, das Modell auf gegenwärtige Beispiele von offenem Faschismus zu beziehen, nennt der Autor ausdrücklich: »Der Faschismus in Deutschland war ein zeitlich begrenztes Unterfangen. Die Technik der Menschenvernichtung geht weiter.« (Peter Weiss, Antwort auf eine Kritik zur Stockholmer Aufführung der ›Ermittlung‹, in: P. W., Rapporte 2, S. 45–50; Zitat S. 49) – Zur Übertragung auf die Verhältnisse des Stalinis-

republik der sechziger Jahre bedeutete die »Ermittlung« eine unnach-
giebige und – in Anbetracht des Demonstrationsgegenstandes – zur
höchsten Schärfe gesteigerte Kritik am Selbstvertrauen und an der
Selbstsicherheit der restaurierten Gesellschaft, die sich im wirtschaftlichen Erfolg eingerichtet hatte, ohne den demokratischen Aufbau über
die Anfangsgründe hinauszuführen. Die »Ermittlung« zeigt die Beschränktheit und Isoliertheit einer nur moralischen Vergangenheits-
bewältigung: Über die äußere Bekundung der moralischen Distanzierung, über den Strafprozeß hinaus, fragt das Werk nach denjenigen
politischen Konsequenzen, die ausgeblieben sind, durch ein Begreifen
der geschichtlichen Zusammenhänge aber hätten naheliegen können.
Diese spezifische Aktualität der »Ermittlung«, die das Verhältnis einer
bestimmten Gesellschaft zu ihrer Vergangenheit meint, kann bei positiven Wandlungen des gesellschaftlichen Bewußtseins in der Entwicklung zurücktreten, sie kann jedoch ebenso bei rückläufigen Tendenzen
wieder offenbar werden. Da die künstlerische Form sich nicht an das
Problem des Nationalsozialismus und vor allem nicht des Antisemitis-
mus bindet, bleibt das Werk offen für eine Entfaltung seines geschichtlich abgeleiteten Wahrheitsgehalts noch in anderen Zusammenhängen.
Menschenausbeutung und -vernichtung wie ihre Verdrängung im gesellschaftlichen Bewußtsein sind als Konsequenz politischer Systeme
gegenwärtige Vorgänge. Wie eben der Stalinismus gezeigt hat, nehmen
Symptome und Strukturen auch bei unterschiedlichen gesellschaftlichen
Grundlagen ähnliche Erscheinungsformen an. Eine Interpretation jedoch, welche die Darstellung des offenen und latenten Faschismus als
Gehalt unterordnet, bedeutet unter den gegebenen Bedingungen Selbst-
rechtfertigung als Affirmation, und jede weitere Übertragung ist nicht
zulässig, solange die dokumentarisch bezeichnete gesellschaftsspezifische
Aktualität der »Ermittlung« nicht durch die konkrete Entwicklung
überholt, weil gesellschaftlich überwunden ist.

mus enthält dieser Text eine wichtige Passage: »Die Tatsache – eine üb-
liche Erwiderung –, daß es auch in der Sowjetunion Konzentrationslager
und Menschenvernichtung gegeben hat, ist auf völlig andere, wenn auch
nicht bessere Gründe zurückzuführen. Dies war nur möglich in einem von
totalitärer Despotie beherrschten Sozialismus.« (S. 47 f.) – In einer Ver-
öffentlichung des Textes in der DDR ist dieser Abschnitt von der Redaktion gestrichen worden; vgl. Peter Weiss, Ermittlung geht weiter ..., Neue
deutsche Literatur 14 (1966), H. 6, S. 157–159.

b) »Gesang vom Lusitanischen Popanz« und »Viet Nam Diskurs«

Auf die nur partielle Bedeutung des Dokumentarischen innerhalb der komplexen Agitationsstruktur des »Lusitanischen Popanz« ist bereits hingewiesen worden. Auch die Frage nach dem Modellcharakter stellt sich damit anders: Im Gegensatz zu Werken, die ein dokumentiertes Einzelereignis als Textgrundlage verwerten, besteht nicht mehr die Aufgabe, dem isolierten Dokument durch Vermittlung des geschichtlichen Zusammenhangs Bedeutung zu geben, sondern in der Montage einer Vielzahl verschiedener Dokumente einen geschichtlichen Zusammenhang aufzuzeigen. Mit der Verfügung auch über andere Darstellungsmittel konstituiert sich der Modellcharakter nicht ausschließlich in der abstrahierenden und verfremdenden Bearbeitung eines Dokuments; dieses kann prinzipiell in seiner konkreten Einmaligkeit belassen werden, wo der gesamte nicht-dokumentarische szenische Vorgang die erläuternde Funktion übernimmt und einen kritischen Kommentar bildet. Abstraktion läßt sich in solch struktureller Verflochtenheit auch aus dem Zusammenwirken konkreter Elemente gewinnen – beide Komponenten sind wesentliche Voraussetzungen agitatorischer Wirkungsmöglichkeit. Da aber gerade die Agitation des Stückes sich nicht als regional gebunden versteht und über eine Kritik der portugiesischen Kolonialpolitik weit hinausgreift, erfaßt die Modellierung der Wirklichkeit in der ästhetischen Umsetzung auch den Text der Dokumente, wo es nicht um bloße Faktenangaben geht. Bereits die Ersetzung des Namens Portugal durch die historische Bezeichnung ›Lusitanien‹ schafft hier Distanz, um den exemplarischen Charakter der von Portugal geübten kolonialen Ausbeutung und Unterdrückung zu verdeutlichen. Die dokumentierte Realität dieser Politik, die im weltweiten Maßstab durch besondere Rückständigkeit der äußeren Formen herausragte, dient der Argumentation und Agitation innerhalb einer politischen Zielsetzung, die den Kolonialismus und Imperialismus samt ihrer Ideologie als Demonstrationsobjekte begreift, an denen die historisch negativen Wirkungen des Kapitalismus in besonderem Maße offenkundig werden.[1] Um nationaler oder gar personeller Fixierung zu ent-

---

[1] Vgl. zu den Möglichkeiten verschiedener Realisierung die Aufführungsberichte in: Peter Weiss, Gesang vom Lusitanischen Popanz. Mit Materialien, Frankfurt am Main 1974 (= edition suhrkamp 700), besonders:

gehen, sind auch die Reden Salazars nicht unter diesem Namen zitiert. In ihrer satirischen Übersteigerung zu dem Geschrei des Popanz wird die historisch gewachsene allgemeine Ideologie der kapitalistischen Expansion in ihrer Verlogenheit denunziert, die im Vergleich mit der Wirklichkeit unwiderleglich hervortritt. Andere Details zeigen die gleiche Tendenz. Der ehemalige Justizminister der Bundesrepublik Deutschland, Richard Jäger, wird lediglich als »Hoher ausländischer Justizminister« (S. 253) zitiert, da es wiederum nicht um die Person, sondern um ihre Funktion in einem ideologisch argumentierenden System geht. Abstraktion von der Äußerlichkeit des geschichtlichen Details stellt sich dar als ästhetische Konkretion: »Anstatt sein Thema extensiv und damit in der gesamten Materialbreite aufzurollen, hat Weiss den umgekehrten Weg beschritten: Die Personen und der Stoff werden intensiv verdichtet. Damit wird nicht nur die Überschaubarkeit des Ganzen, sondern auch die polemische Zuspitzung erreicht.«[2]

Während national beschränkte Dokumente durch stilistische Verfremdung übertragbar werden, kann dort dokumentarische Präzision erhalten bleiben, wo das Faktenmaterial selbst die geschichtliche Reichweite des Vorgeführten belegt. In auffälliger Konzentration gegen Schluß des Werkes werden in langen Reihen Namen von Firmen und Konzernen aufgezählt, die in Angola Kapital investieren: Angola erscheint damit als Objekt nicht nur portugiesischer, sondern international kapitalistischer Ausbeutung (S. 240–243). Dieser ökonomischen Gemeinsamkeit entspricht die militärische Verflochtenheit innerhalb der Nato (S. 249–251), die bis zur Waffenlieferung bei der Niederschlagung des Aufstands reicht. Allein vom Faktenmaterial her bezieht sich das Stück damit auf ökonomische und politische Gegebenheiten der westlichen Welt. Der Extremfall der portugiesischen Kolonialpolitik soll die Kritik auch auf die in anderen Ländern verdeckten und verfeinerten Strukturen lenken. So hat der Sturz des Popanz am Schluß des Stückes die Funktion einer metaphorischen Vorwegnahme; er bedeutet aber keine illusionäre Wunscherfüllung, da er in bezug

---

Yousri Khamis, Der ›Popanz‹ zwischen Kairo/Bagdad/Damaskus (S. 101–108); Ruben Yánez, Die Aufführung des ›Gesangs vom Lusitanischen Popanz‹ in Uruguay (S. 109–120).

[2] Manfred Durzak, Dürrenmatt, Frisch, Weiss. Deutsches Drama der Gegenwart zwischen Kritik und Utopie, Stuttgart 1972, S. 302.

auf die reale Geschichte als Auftakt und nicht als Lösung verstanden wird: »Und auch wenn es jetzt heißt er sei tot / er der uns so lange im eigenen Lande bedroht / so ist sein Gefolge doch immer noch da / und nichts geschieht was nicht auch früher geschah« (S. 264); die Warnung vor dem eigentlichen Gegner der endgültigen Befreiung lautet: »Die Generäle sind da die Spekulanten und Magnaten / mit ihren Scheckheften Polizeitruppen und Soldaten / Und es kommen alle Verbündeten der westlichen Welt / um zu verteidigen ihr erstohlenes Geld« (S. 264). Dokumentarisch wird dem Gegner das Datum des beginnenden bewaffneten Aufstands entgegengesetzt: »Dies ist der 15. März 1961 / Merkt euch das Datum / Der Kampf um unsre Selbständigkeit / hat begonnen« (S. 247); agitatorisch die abschließende – und zur realen Geschichte sich öffnende – Verheißung des Chors: »Und mehr werden kommen / ihr werdet sie sehn / Schon viele sind in den Städten / und in den Wäldern und Bergen / lagernd ihre Waffen und sorgfältig planend / die Befreiung / die nah ist« (S. 265).

Nachdem sich diese Vorhersage durch die geschichtliche Entwicklung für die portugiesischen Kolonien erfüllt hat, ist die Gültigkeit des Werkes erneut zu prüfen. Von den Entstehungsbedingungen her agitatorisches Pamphlet gegen Portugal und als Produkt der internationalen Solidarität gegen die imperialistische Unterdrückung der Dritten Welt in den sechziger Jahren zugleich von weiter ausgreifender Bedeutung, zeigt der »Lusitanische Popanz« einen solchen Grad von Modellierung zum ideologiekritisch vermittelten politischen Exempel, daß die Veränderung der Verhältnisse in den früheren portugiesischen Kolonien nicht die Substanz des Stückes angreift. Unberührt bleibt es von Veränderung freilich nicht: Das Dokumentarische wandelt seine Funktion von der agitatorisch wirkenden Darstellung des gegenwärtigen Unrechts und des noch unentschiedenen Befreiungskampfes zur Demonstration eines typischen geschichtlichen Beispiels, die an den Zuschauer appelliert, das Beispiel durch vergleichende Reflexion in gegenwärtige Zusammenhänge einzuordnen. Die Dokumentation hat sich ja nicht als falsch erwiesen, nur bezieht sie sich nicht länger auf unmittelbar aktuelle Gegenwart, sondern zielt in der Vermittlung durch offenliegende Vergangenheit auf das in der Gegenwart noch zu Erkennende. So verändert sich mit dem geschichtlichen Wandel objektiv die Kunstform: Die ästhetische Einheit des Pamphlets als Agitationsstruktur ist gefährdet, wenn die dokumentarischen Partikel die Agitation nicht mehr als konkrete Aktualität füllen und stützen. Ein dokumentarisches Stück, das die portugiesische Kolonialpolitik von vornherein als abgeschlossene historische Entwicklungsphase zur Grundlage hätte, müßte den notwendigen Funktionswandel des Dokumentarischen als Ausdruck dialektischer Kontinuität auch strukturell mit größerer Distanziertheit bezeichnen.

Daß der »Viet Nam Diskurs« ebenso wie der »Lusitanische Popanz« mehr als aktuelle Information zu einem speziellen politischen Problem bieten möchte, zeigt schon die Tatsache, daß der historische Bericht beidesmal mehrere Jahre vor der Entstehungszeit der Stücke abgebrochen wird: beim 1966 geschriebenen »Lusitanischen Popanz« mit dem Beginn des Befreiungskrieges im Jahre 1961, beim 1966/67 geschriebenen »Viet Nam Diskurs« mit dem offenen militärischen Eingreifen der USA nach der Tonking-Affäre von 1964. Eine nur äußerliche Aktualität – wie sehr diese Entstehung und erste Wirkung der Stücke auch mitbestimmt – ist damit als Ziel der Darstellung ausgeschlossen. Modellierendes Herausarbeiten der bestimmenden Kräfte im geschichtlich-gegenwärtigen Prozeß kündet beim »Viet Nam Diskurs« auch die Formulierung des Titels an: »Diskurs / über die Vorgeschichte und den Verlauf / des lang andauernden Befreiungskrieges / in Viet Nam / als Beispiel für die Notwendigkeit / des bewaffneten Kampfes / der Unterdrückten gegen ihre Unterdrücker / sowie über die Versuche / der Vereinigten Staaten von Amerika / die Grundlagen der Revolution / zu vernichten«. Stilistisch verweist der Titel auf den rational bestimmten Untersuchungscharakter des Lehrstücks, das politische Wirkung in hohem Maße auch über die detaillierte geschichtliche Aufklärung zu erreichen sucht. Der exemplarische Charakter des Vorgeführten, im Titel mit dem Wort ›Beispiel‹ postuliert, wird in der ›Vorbemerkung‹ zum Stück erläutert als Funktionalisierung der dokumentierten Details in einer Geschichtsdarstellung, die bewußte Konstruktion auf der Grundlage gegenwärtiger Entwicklungen und gegenwärtiger Parteinahme ist: »Jeder Spieler in diesem Stück stellt eine Vielzahl von Figuren dar, deren Aussagen und Verhaltensweisen in ihrer Gesamtheit einen bestimmten historischen Prozeß verdeutlichen. Die auftretenden Figuren geben sowohl individuellen Erfahrungen als auch allgemeinen Erscheinungen Ausdruck. ⟨...⟩ Jene, die durch einen Namen gekennzeichnet werden, sind nicht Charaktere im herkömmlichen Sinn; wir nennen sie einzig als Träger wichtiger Tendenzen und Interessen. ⟨...⟩ Wir schildern Figuren in einer Einheit mit dem historischen Prozeß, auch dann, wenn es sich um Entwicklungsstufen handelt, in denen die Betroffenen selbst diese Einheit nicht sehen konnten. Wir versuchen, die Folge der gesellschaftlichen Stadien und ihre wesentlichen Merkmale und Widersprüche so herauszustellen, daß sie die heutige Auseinandersetzung erklären.« (S. 269)

Die ästhetische Verwirklichung dieses Programms ist indessen nur zum Teil gelungen, obwohl die Mittel konsequent gewählt sind: Die Reduzierung des Bühnenvorgangs auf »Wort, Gestik und Gruppierung« (S. 271) ist, im Unterschied zu der um Oberflächenähnlichkeit bemühten Nachahmung, ästhetische Abbreviatur als Ausdruck der Differenz zur Wirklichkeit und bedeutet dadurch den zitierenden Rückverweis auf eben die konkrete Realität. Während jedoch in der »Ermittlung« Monotonie als Folge der Stilisierung zur künstlerischen Aussage gerät und im »Lusitanischen Popanz« die stilistische Vielfalt durch die agitatorische Einheit gebunden ist, bleibt der »Viet Nam Diskurs« stilistisch brüchig und zerfällt allein vom Umfang des stofflichen Vorwurfs her in ungleichwertige Teile.

Die Aufteilung der grundlegenden Strukturelemente – fast ausschließlich Bericht von historischen Vorgängen im ersten Teil, überwiegend Zitate aus zeitgeschichtlichen Dokumenten im zweiten – ist durch die zeitliche Ferne beziehungsweise Nähe der dargestellten Epochen unumgänglich bedingt. Der Umfang wie die spezifische Auswahl des geschichtlichen Materials lassen jedoch bei der jeweiligen Technik der szenischen Demonstration einen Umschlag der Argumentation nicht ausgeschlossen scheinen, der eindeutig ästhetisches Mißlingen signalisierte. Die im ersten Teil vorgeführte Geschichte Vietnams von den Anfängen bis zur Gründung der Volksrepublik im Jahre 1945 wird geschichtlich wie ästhetisch zu weitgehender Abstraktion reduziert: das ökonomisch bedingte antagonistische Verhältnis von Unterdrückern und Unterdrückten, das sich bei allen äußeren Umkehrungen und Verschiebungen als Konstante durch die Geschichte zieht, erscheint auf der Bühne in wenigen Grundmustern sprachlicher Darstellung und stilisierter Andeutung äußeren Geschehens. Die Monotonie der chronologischen Reihung, die summierende Wiederholung ähnlich strukturierter Vorgänge ziehen keine Intensivierung der Bedeutung nach sich. Der inhaltlich deklarierten Intention des Autors entspricht so die ästhetische Realisierung nur unvollkommen. Indem unter der im Titel angekündigten ›Vorgeschichte‹ des Vietnam-Krieges die gesamte Geschichte Vietnams verstanden wird, wächst sie zu einem Umfang an, der nicht mehr durchgehend funktionalisiert werden kann, denn die symptomatische Bedeutung des Vietnam-Krieges erhält durch diesen Vorspann keine überzeugende Begründung oder entscheidende Akzentuierung. Im Gegenteil könnten durch dessen Anlage Zweifel daran aufkommen, ob die erste Revolutionsregierung sich qualitativ von den vorhergegangenen Machtgruppen unterscheide. »Eine gewisse Schwäche dieser Darstellung im ersten Teil ist: Es wird nur geschildert, was war, nicht aber, warum es so war, weshalb die ständigen Befreiungskämpfe keinen endgültigen Erfolg haben konnten. ⟨...⟩ Da Peter Weiss immer wieder schildert, wie die Führer der Befreiungsbewegungen oder der Bauernaufstände nach dem Sieg selber zu Herrschern und Unterdrückern wurden, gerät er sogar in die Gefahr, daß das Publikum diesen Vorgang als einen unausweichlichen, weil immer wiederkehrenden, ansehen kann, also unter Umständen auch für den heutigen Befreiungskampf das gleiche negative Resultat für die Periode nach dem Sieg schlußfolgert. Hier wirkt sich eben der Umstand aus, daß Peter Weiss nicht den grundsätzlichen Unterschied der heutigen Befreiungsbewegung zu den früheren herausarbeitet.«[3] Am schärfsten formuliert Reinhard Baumgart: »Das Stationen-Theater von Weiss stellt historische

---

[3] André Müller, Viet-Nam-Diskurs von Peter Weiss, Theater der Zeit 23 (1968), H. 9, S. 28f.; Zitat S. 28. – Brigitte Thurm begründet diese Kritik von Positionen des Sozialistischen Realismus aus mit dem Hinweis auf die abstrahierende Dramaturgie und die fehlende personale Fabel: »Die positive Seite dieser Gestaltungsart besteht ⟨...⟩ im Hinweis auf die gesellschaftliche Determiniertheit allen menschlichen Handelns. Doch eben nur auf diese. Unberücksichtigt bleibt die Aktivität des weltverändernden Subjekts. Zwar zeigt der Autor in den Fabeln seiner Stücke durchaus menschliche, revolutionäre Tätigkeit. Doch stehen in diesem Punkt seiner Dramaturgie Gestaltungsmittel und Sujet miteinander in unlösbarem Widerspruch. Das Mittel ist nicht nach dem Zweck befragt worden. Jedenfalls nicht gründlich genug, denn jene absolute Determiniertheit, die aus der Vertauschbarkeit der Rollen ästhetisch hervorgeht, wirkt ethisch nivellierend.« (Brigitte Thurm, Gesellschaftliche Relevanz und künstlerische Subjektivität. Zur Subjekt-Objekt-Problematik in den Dramen von Peter Weiss, Weimarer Beiträge 15 [1969], S. 1091–1102; Zitat S. 1099f.)

Zustände wie immer ähnliche nebeneinander. Unfähig oder unwillig, die bloße Reihung von Zustandsbildern in einen Prozeß, in Dialektik zu überführen, bleibt der Autor auf einer Indizienkette sitzen, die eigentlich nur hergibt, was dieses Stück gerade nicht vermitteln wollte: Fatalismus, Frustration.«[4] Was in dieser Kritik auch als Dilemma des Autors erscheint, muß als die Problematik der ästhetischen Umsetzung gesehen werden: Extreme Abstraktion als Abbreviatur der Wirklichkeit verliert ihren Sinn, wenn sie nicht in eine neue Konkretion der Erkenntnis umschlägt. Die im ersten Teil simplifizierende Anwendung von Grundsätzen materialistischer Geschichtsbetrachtung bringt zudem die Gefahr mit sich, daß auch der gründlicher durchgeführten Darstellung der jüngsten Ereignisse im zweiten Teil mit Ablehnung begegnet wird; eine überzeugende Einordnung der Gegenwartsanalyse in den Geschichtsprozeß wird allein dadurch nicht geleistet.[5]

Im zweiten Teil gefährdet die Anhäufung detaillierten dokumentarischen Materials die Realisierung eines Modells, das den Vietnam-Krieg als Beispiel für die weltweite Auseinandersetzung zwischen Kapitalismus und Sozialismus erkennbar macht. Verallgemeinerungsfähig sind grundsätzlich die ideologischen Strukturen, die sich aus den zitierten Ausführungen der politischen und wirtschaftlichen Führungsschicht der USA ergeben. Ihre Kritik durch einen szenischen Kommentar erübrigt sich in vielen Fällen, wo die Zitate unfreiwillige Selbstentlarvungen enthalten oder auch – bei inoffiziellen Verlautbarungen – das offene Eingeständnis der eigentlichen Motive. Von Ideologie als dem unerkannt falschen Bewußtsein ist deswegen nur mit Einschränkungen zu reden; hier enthüllt sich auch Priestertrug als bewußte Täuschung. Gegenüber der durch Gestalt und Redeweise verdeutlichten satirischen Verzerrung im »Lusitanischen Popanz« wird in Übereinstimmung mit der rational-diskursiven Grundhaltung des Werkes die unmittelbare

---

[4] Reinhard Baumgart, In die Moral entwischt? Der Weg des politischen Stückeschreibers Peter Weiss, in: Peter Weiss, hg. von Heinz Ludwig Arnold, München 1973 (= Text + Kritik 37), S. 8–18; Zitat S. 14.
[5] Vgl. zur Kritik der – an sich notwendigen – Verkürzungen und ihrer negativen Konsequenzen Bernd Jürgen Warneken, Kritik am ›Viet Nam Diskurs‹, in: Über Peter Weiss, S. 112–130. – Warneken analysiert darüber hinaus mit großer Schärfe das grundsätzliche Problem der Affinität von dokumentarischer Technik und erkenntnistheoretischem Positivismus.

Faktenrichtigkeit durch das Mittel der Lautsprecher- und Lichtbild-Ansage stärker betont. Jene szenische Umsetzung wirkt daneben unangemessen, die auf grotesk verzerrende Elemente zum Zweck der emotionell-agitatorischen Wirkung zurückgreift.[6] Indem der Modellcharakter durch solche Verbildlichung ästhetisch nicht intensiviert wird, bestätigt sich die mangelnde Funktionalität des szenischen Vorgangs.

Die hier erscheinende Aporie einer ästhetischen Darstellung abstrakter politischer Vorgänge beschreibt Theodor W. Adorno in einer Reflexion über die Schwierigkeit, den Faschismus auf dem Theater zu erfassen: »Macht man jedoch mit all dem ⟨der »Wiedereinführung des plots, der Handlung als eines einstimmigen, nachvollziehbaren Sinnzusammenhangs«⟩ reinen Tisch und sucht die politische Sphäre in ihrer Abstraktheit und Außermenschlichkeit darzustellen, unter Ausschluß der trugvollen Vermittlung des Inwendigen, so fährt man nicht besser. Denn es ist gerade die essentielle Abstraktheit dessen, was wirklich sich ereignet, die dem ästhetischen Bilde schlechterdings sich verweigert. Um sie überhaupt ausdrucksfähig zu machen, sieht der Dichter sich gezwungen, sie in eine Art Kindersprache, in Archetypen zu übersetzen und so ein zweites Mal ›nahezubringen‹ – nicht länger der Einfühlung, aber jenen Instanzen der auffassenden Betrachtung, die noch vor der Konstitution der Sprache liegen, deren selbst das epische Theater nicht entraten kann.«[7] Die Verbildlichung, die das dokumentarische Theater mit zitierender Grundstruktur ausgeschaltet hat, drängt sich als partielle Notwendigkeit wieder auf, solange an szenischer Umsetzung festgehalten wird. Mit Recht ist beim »Viet Nam Diskurs« am Sinn der szenischen Präsentation überhaupt zu zweifeln: »Statt eines Dramas, das die Dialektik der historischen Entwicklung sichtbar macht, ist so eine riesige Collage von Zitaten entstanden, die nur aus Gründen äußerer Bühnenwirksamkeit als dramatischer Text arrangiert wurde, aber ebenso als epische Collage denkbar ist.«[8]

---

[6] Vgl. als Beispiel die pantomimische Darstellung einer politischen Konferenz: »Dulles und Eden auseinander, erinnernd an die Beendigung der Runde eines Boxkampfes. Beide beugen sich auf entgegengesetzten Seiten zu den Umsitzenden nieder. Dann wieder schnell aufeinander zu.« (S. 387)

[7] Theodor W. Adorno, Minima Moralia, S. 189.

[8] Manfred Durzak, Dürrenmatt, Frisch, Weiss. Deutsches Drama der Gegenwart zwischen Kritik und Utopie, S. 317.

So sind es vor allem die Passagen anonymer Sprecher als Repräsentanten des Volkes und die Chöre, die auf sprachlicher Ebene versuchen, in der Abstraktion von der Fülle der Details die Grundtendenzen des Werkes herauszustellen. Der Schlußchor als Zusammenfassung des Vorgeführten öffnet, ähnlich wie beim »Lusitanischen Popanz«, das Werk in die Zukunft, indem er den Krieg in die allgemeinen politischen Gegensätze einordnet und so einen in die reale Praxis auch jenseits des Krieges weisenden Appell formulieren kann (S. 457f.). Die Summe dieser Verweise konstituiert indessen keinen Modellcharakter, wenn die Gesamtstruktur brüchig bleibt: Darstellung einer jahrtausendelangen Geschichte, detaillierte zeitgeschichtliche Untersuchung des gegenwärtigen Krieges und seiner unmittelbaren Vorgeschichte, Aufklärung über das besondere Thema und daraus abgeleitete allgemeine Agitation ergeben keine ästhetische Einheit – auch nicht als Agitationsstruktur –, in der jedes Element die Bedeutung des Ganzen mitbestimmt. Der Versuch, mit den Mitteln des dokumentarischen Theaters historische Prozesse in ihrer Totalität auf die Bühne zu bringen, stößt hier an seine Grenze, wo der Zuwachs an historischen Fakten und dokumentarischem Material am Ende keine qualitative Steigerung politischer Erkenntnis mehr mit sich bringt. Im Scheitern an den auseinanderstrebenden Tendenzen offenbart sich erneut die Schwierigkeit der ästhetischen Aufgabe, dokumentarischen und exemplarischen Gehalt zu vermitteln, selbst wenn, wie im »Viet Nam Diskurs«, die Montage der dokumentarischen Teile frei auf der Grundlage alles verfügbaren Materials erfolgen kann.

Ähnlich wie der »Lusitanische Popanz« ist der »Viet Nam Diskurs« seit seiner Entstehung durch den realen Geschichtsverlauf in gewisser Weise überholt, aber nicht korrigiert worden. Unmittelbar war seine Aktualität zur Entstehungszeit, als der weltweite Protest gegen das amerikanische Engagement im Vietnam-Krieg sich zum wichtigsten Bindemittel der Neuen Linken entwickelte. Die folgende Verstärkung der Kriegführung, sichtbar vor allem in der ständigen Zunahme der Bombardierungen, bestätigte ebenso wie die sich immer weiter ausbreitende öffentliche Kritik die Vorhersage des Stückes, die als Konzentrat der geschichtlichen Erfahrung an dessen Ende steht. Das Pariser Abkommen vom Januar 1973 folgte der Einsicht, daß es für die USA unmöglich war, einen militärischen Sieg zu erringen, bedeutete aber keineswegs die Anerkennung des Gegners oder die Revision der politischen Ziele. Auch nachträgliche Veröffentlichungen geheimer Dokumente wie die der »Pentagon Papers« belegten mit neuem Material den Vorwurf der gezielten Kriegsvorbereitung unter Täuschung der Öffentlichkeit.

Ist so das kritische Potential des Werkes durch die Geschichte nur bekräftigt worden, kann seine Aktualität heute dennoch nur schwer realisiert werden. Zuviel enthält es im ersten Teil von funktionsloser Retrospektive, zuviel im zweiten von unmittelbar politischer Beweisführung – zuwenig aber insgesamt von ästhetisch vermittelter Argumentation, die unerläßlich wird, sobald die präsentierten Fakten allgemein bekannt sind. Das Wissen von der realen Weiterentwicklung bestimmt die Rezeption des ausschnitthaft in seinen Anfängen vorgeführten Geschehens und verhindert die Realisierung des intendierten Modells, wenn der Informationscharakter sich nachträglich als dominierend herausstellt. In diesem Fall bleibt die Gültigkeit des Stückes auf seine einmaligen Entstehungsbedingungen beschränkt – die eine solch spezifische Historizität durchaus legitimieren können[9] –, und es wird selbst

---

[9] Vgl. dazu die Anmerkung von Henning Rischbieter, der die Objektivität des Stückes in der Wahrheit des Pamphlets verwirklicht sieht: »Das Stück hat – gerade in seinem pamphletischen, zugespitzten Charakter – heute hier in der Bundesrepublik eine Funktion: es ist ein (wenn auch schwacher) Ersatz für die Debatte, die im Bundestag nicht stattgefunden hat.« (Henning Rischbieter, Spielformen des politischen Theaters, Theater heute 9 [1968], H. 4, S. 8–12; Zitat S. 10) – Als nur politische Diskussion freilich verfiele die szenische Form des »Viet Nam Diskurs« vollends der Sinnlosigkeit; in diesem richtigen Bewußtsein besteht Peter Weiss auf dem Kunstcharakter des dokumentarischen Theaters: »Denn ein dokumentarisches Theater, das in erster Hand politisches Forum sein will, und auf künstlerische Leistung verzichtet, stellt sich selbst in Frage. In einem solchen Fall wäre die praktische politische Handlung in der Außenwelt effektiver. Erst wenn es durch seine sondierende, kontrollierende, kritisierende Tätigkeit erfahrenen Wirklichkeitsstoff zum künstlerischen Mittel umfunktioniert hat, kann es volle Gültigkeit in der Auseinandersetzung mit der Realität gewinnen.« (Peter Weiss, Notizen zum dokumentarischen Theater, S. 96) Diese berechtigte Unterscheidung kann durch ästhetisches Mißlingen aufgehoben werden oder eben durch Rezeptionsbedingungen, unter denen der Zwang herrscht, das dokumentarische Theater als unmittelbaren Ersatz für ein politisches Forum aufzunehmen – ohne daß es allerdings eine vergleichbare Wirkung hätte.

zum historischen Dokument, das Aufschluß über die Vergangenheit gibt, aber nur noch bedingt Erkenntnis über die Gegenwart. Ein letzter Widerspruch, der nicht die ästhetische Aufnahme von realer Geschichte in dokumentarischer Form betrifft, sondern das Werk in den gegebenen Rezeptionsbedingungen, soll hier nicht übergangen werden, da das extreme Beispiel symptomatisch ist: Als abendfüllendes, durchkonstruiertes und textlich festgelegtes Werk verlangt der »Viet Nam Diskurs« den großen Theaterapparat und ist für Aufführungen auf die bestehenden Einrichtungen des bürgerlichen Theaters angewiesen – aber »die Diskrepanz zwischen diesem Institut und diesem Text ist nicht aufzuheben«.[10] Die Diskrepanz ist auch für den »Lusitanischen Popanz« festzustellen, der ähnlich wie der »Viet Nam Diskurs« Elemente der Agitprop-Revue und des Straßentheaters adaptiert und integriert, mit den beschränkten Mitteln dieser Formen aber auch prinzipiell aufführbar bleibt. Der Hinweis auf das kritische Potential, das, ungeachtet der realen Wirkung, im ästhetisch strukturierten Werk aufbewahrt ist, muß insofern relativiert werden, als Begründung und Ziel dieser Formen in einem spezifischen Sinne gegenwartsbezogen sind. Den rezeptionsästhetischen Widerspruch erkennt Peter Weiss in voller Schärfe: »Mit den Versuchen des dokumentarischen Theaters, eine überzeugende Ausdrucksform zu erhalten, ist die Suche nach einem geeigneten Aufführungsort verbunden. Läßt es die Vorstellung in einem kommerziellen Bühnenraum stattfinden, mit damit verbundenen hohen Eintrittspreisen, so ist es gefangen in dem System, das es angreifen will. Schlägt es sich außerhalb des Establishments nieder, ist es auf Lokale angewiesen, die zumeist nur von einer kleinen Schar Gleichgesinnter besucht werden. Anstatt effektiv auf die Zustände einzuwirken, zeigt es oft nur, wie wenig es gegenüber den Bewahrern der Zustände vermag. Das dokumentarische Theater muß Eingang gewinnen in Fabriken, Schulen, Sportarenen, Versammlungsräume.«[11] Aus dem Bewußtsein des Widerspruchs resultiert auch der Versuch, der Neutralisierung des Stückes durch reale politische Handlungen zu begegnen: Wenn in der Inszenierung von Peter Stein im Werkraumtheater der Kammerspiele München 1968 nach den Vor-

---

[10] Henning Rischbieter, Spielformen des politischen Theaters, S. 11.
[11] Peter Weiss, Notizen zum dokumentarischen Theater, S. 103.

stellungen noch im Zuschauerraum Geld für die Befreiungsbewegung des Vietcong gesammelt wurde,[12] bedeutet dies die richtige Erkenntnis, nicht aber die Lösung des unter den gegebenen Bedingungen unaufhebbaren Problems. Ein Rückzug von neugewonnenen ästhetischen Positionen verdeckte indessen nur die bestehenden Widersprüche: Die Grenzen der Ästhetik dürfen nicht von den Grenzen der Gesellschaft bestimmt werden.

c) »Trotzki im Exil«

Im Unterschied zum »Lusitanischen Popanz« und zum »Viet Nam Diskurs«, bei denen selbst der Stoff zur Zeit ihrer Entstehung unmittelbare Aktualität besaß, modelliert »Trotzki im Exil« den Kommentar zur Gegenwart aus einem historisch vergangenen Stoff. Immer noch ist aber die zeitliche Distanz so gering – und dies gehört zu den Voraussetzungen sinnvoller dokumentarischer Bearbeitung –, daß Trotzkis Leben und Denken aus sich selbst heraus Bezüge zur Gegenwart enthält und seine ästhetische Gestaltung demnach nicht zur parabolischen Demonstration geraten muß, die erst in vollständiger Übertragung ihren Sinn freigibt. Einerseits besitzt so das dokumentarische Material Relevanz als Grundlage für die Diskussion gegenwärtiger Problematik, andererseits erlaubt die Abgeschlossenheit des äußeren Vorgangs eine wesentlich reflexive und distanzierte Argumentation in der ästhetischen Fassung, die auf agitatorische Momente, wie sie bei den zwei vorausgehenden Stücken allein durch den Stoff fast notwendig bedingt waren, verzichten kann. Weniger die rasche Reaktion auf das Zeitgeschehen ist auf dieser Grundlage Ziel des Stückes als die Initiierung von Bewußtseinsprozessen, die von der Revision eines einseitigen Geschichtsbildes zur Kritik der Gegenwart gelangen. Seine Gesamtstruktur ist adäquater Ausdruck dieser Konzentration auf Bewußtseinsprozesse und signalisiert damit für die reale Geschichte den Wandel der politisch revolutionären Versuche in den westlichen

---

[12] Vgl. dazu die Dokumentation: Viet Nam Diskurs in München vorläufig abgesetzt, Theater heute 9 (1968), H. 8, S. 32f.; und die Stellungnahmen: August Everding, Demokratie ist Diskussion, Theater heute 9 (1968), H. 9, S. 1f.; Wolfgang Schwiedrzik u. Peter Stein, Demokratie ist auch Aktion, Theater heute 9 (1968), H. 9, S. 2f.

Ländern vom vorschnellen und illusionären Aktionismus zur ausgedehnten theoretischen Vorbereitung und längerfristigen Planung.

Die Entstehungsbedingungen des Trotzki-Stückes werden unter einem anderen Aspekt bestimmt durch Ereignisse wie die Besetzung der Tschechoslowakei durch Truppen des Warschauer Pakts im August 1968; im gleichen politischen Zusammenhang belegt die Unterdrückung der Systemkritiker in der Sowjetunion die Gültigkeit der im Stück vorgeführten Konfliktsituation und weist sie aus als zutreffende Modellierung einer konstitutiven Problematik des Sozialismus unter den gegenwärtigen Bedingungen – wobei die Kritik an der Gegenwart schwerer wiegt als die Kritik an den erinnerten Ereignissen der Vergangenheit, da deren Negativität zum Teil noch in objektiven Schwierigkeiten anderen Ausmaßes begründet war.

So erfassen Biographie und Werk Trotzkis in der modellierenden Konstruktion zwei politische Grundprobleme der Gegenwart: zum einen die Kritik am Stalinismus, an der durch administrativen Zwang und bürokratische Verhärtung errichteten Diktatur über das Proletariat, die ideologisch den Marxismus als dialektisch-kritische Methode der revolutionären Veränderung verdrängt und ihn zur objektivistischen Legitimationstheorie verwandelt hat. »Daß man im Osten als Diamat marxistische Philosophie verkündet, wie wenn das mit der Marxischen Theorie ohne weiteres vereinbar wäre, bezeugt die Verkehrung des Marxismus in ein gegen den eigenen Gehalt abgestumpftes, statisches Dogma oder, wie sie selber es nennen, in eine Ideologie.«[1] In diesem Zusammenhang steht Trotzki mit seinem Konzept der permanenten Revolution für die Notwendigkeit einer Veränderung im Sozialismus, dessen faktische Pervertierung zum repressiven Staat mit der ›Entstalinisierung‹ keineswegs beendet worden ist. Diese geschichtliche Wahrheit des Trotzki-Stückes, das den bestehenden Sozialismus zur Selbstkritik auffordert, wird allein durch die heftige Ablehnung in offiziellen Reaktionen bestätigt.[2] – Zum andern zeigt das Stück

---

[1] Theodor W. Adorno, Eingriffe. Neun kritische Modelle, S. 23.

[2] Vgl. dazu vor allem Lew Ginsburg, ›Selbstdarstellung‹ und Selbstentlarvung des Peter Weiss, in: Über Peter Weiss, S. 136–140; Werner Mittenzwei, Revolution und Reform im westdeutschen Drama, in: Revolution und Literatur. Zum Verhältnis von Erbe, Revolution und Literatur, hg. von Werner Mittenzwei und Reinhard Weisbach, Frankfurt am Main 1972, S. 459–521; besonders S. 492–497.

Affinitäten zum Selbstverständnis des westlichen Intellektuellen und ist auch hier Modell der gegenwärtigen Diskussion: Im Vordergrund stehen am Ende der sechziger Jahre die theoretische Arbeit in ihrer Relevanz für gesellschaftlich verändernde Wirkung und als Vorbereitung oder Ersatz für gegenwärtig nicht mögliche unmittelbare Praxis. Daß »Trotzki im Exil« in diesem Rahmen auch eine Darstellung der individuellen schriftstellerischen Problematik seines Autors bedeutet, ist selbstverständlich und braucht nicht bestritten zu werden; es berührt aber nicht den geschichtlichen Gehalt des Werkes, in dem der Einzelfall repräsentativ steht.[3]

Die Modellierung prägt die dokumentierte historische Diskussion zur gegenwärtigen; ästhetisch wird dies nicht nur durch die parteilich-perspektivische Auswahl aus Trotzkis Werk und Biographie erreicht, sondern ebenso durch die sprachliche Gestaltung der einzelnen Dialoge: aktualisierende Formulierung legt dem Zuschauer die Übertragung und Anwendung auf seine eigene Gegenwart nahe. Die Verbindung von westlicher Studentenbewegung und den Befreiungsbewegungen der Dritten Welt tritt zum Beispiel mit einer Deutlichkeit hervor, die vom Bewußtsein gegenwärtiger Entwicklungen ausgeht. Hauptthema ist diese Erscheinungsform der ›permanenten globalen Revolution‹ (S. 105) in der eigens zu diesem Zweck konstruierten zwölften Szene, die Trotzki im Gespräch mit einer international zusammengesetzten Gruppe Pariser Studenten zeigt; vertreten sind, in bezeichnender Auswahl, Frankreich, Deutschland, Indochina, Lateinamerika und das schwarze Amerika.[4] Was hier verhandelt wird, erfährt der Zuschauer als vom Geschichtsprozeß bestätigt. »In den Auseinandersetzungen zwischen Trotzki und den ihn im französischen Exil besuchenden internationalen Studentendelegationen hat der Autor bewußt auf spätere – heutige – Fragen vorgegriffen, um auf diese Weise die Aktualität und die Problematik der Trotzkischen Ansichten schärfer zu umreißen.«[5]

Deutliche Übertragung vom Wissen und Hoffen der Gegenwart aus

---

[3] Ein extremes Beispiel für die Abwertung des Werkes durch biographisch-psychologische Erklärung bietet Otto F. Best, Peter Weiss, S. 172–187.
[4] Vgl. S. 105–112; außerdem S. 10, S. 23, S. 43, S. 140, S. 142.
[5] Ernest Mandel, ›Trotzki im Exil‹, in: Über Peter Weiss, S. 131–135; Zitat S. 134.

zeigen vor allem die Formulierungen in Trotzkis Schlußwort: »Und wenn es aussieht, als erlahme der Klassenkampf zeitweilig, ⟨...⟩ dann werden junge Generationen kommen. Studenten. Wie am Anfang des Jahrhunderts in Rußland. Doch diesmal in einer umfassenden Bewegung. Von den Universitäten aller Kontinente aus. Sie werden den Kampf aufnehmen und vorantreiben. Sie werden lernen, eine gemeinsame Sprache, ein gemeinsames Handeln mit den fortgeschrittenen Arbeitern zu finden.« (S. 142) Die Diskussionen über Strategie und Taktik der gesellschaftlichen Veränderung lassen hinter der Folie des zaristischen Rußland die Verhältnisse der hochentwickelten westlichen Industriestaaten erscheinen und wirken auf diese Weise als aktueller Kommentar zu gegenwärtigen Vorgängen, so in der Ablehnung spontaner Einzelaktionen und individuellen Terrors: »*Trotzki* Deine Explosionsstoffe können die Massen nicht ersetzen, Lusin. Einige von euch werden verbrennen, in heroischem Einzelkampf. Aber die Arbeiterklasse bringt ihr damit nicht auf die Beine.« (S. 17)

Aktualisiert ist auch die Diskussion über Kunst und Ästhetik im siebten Bild, die schon formal durch die erkennbare Konstruktion gegen die historische Faktenrichtigkeit akzentuiert ist. Trotzki wendet sich indirekt gegen die Ästhetik des Sozialistischen Realismus, die im geschichtlichen Prozeß mit der Kanonisierung überholter ästhetischer Formen nichts als die gesellschaftliche Verhärtung und Regression widerspiegelt und sich am Ende als Legitimationsästhetik darstellt. Hier bezieht Trotzki das Konzept der permanenten Revolution sinngemäß auf die Entwicklung der künstlerischen Formen und bezeichnet damit Positionen, wie sie in der realen Auseinandersetzung vor allem von Benjamin, Brecht und Eisler eingenommen und erläutert wurden.[6] Hans Mayer kommentiert diese Akzentuierung: »Wiederum wird die Einheit der historischen Zeit gesprengt. Was jetzt als These ausgesprochen wird, meint die Kunst und Kulturwirklichkeit der heutigen Sowjetunion: den kulturellen Konservativismus mitten in einem durch

---

[6] Vgl. zu diesen Zusammenhängen die Darstellung von Heinz Brüggemann, Literarische Technik und soziale Revolution. Versuche über das Verhältnis von Kunstproduktion, Marxismus und literarischer Tradition in den theoretischen Schriften Bertolt Brechts, Reinbek bei Hamburg 1973 (= das neue buch 33); besonders S. 178–211.

Revolution errichteten Staat.«[7] Daß die Kunst und Anti-Kunst der bürgerlichen Avantgarde als radikale Negation der bürgerlichen Gesellschaft in der gesellschaftlichen Isolation gefangen blieb, daß ihre objektiv erzwungene Autonomie als ihre Beschränkung die intendierte Selbstaufhebung in die Wirklichkeit nicht zuließ, zeigt die im Bühnenwitz verbildlichte Vorführung dieser Dialektik, wenn Hugo Ball vorschnell die Grenze von Bewußtsein und realer Außenwelt überspringt: »Der neue Mensch muß ein Schöpfer sein. Die neue Kunst ist Leben. Atmen ist Kunst. Bewegung ist Kunst. Wir schwimmen in der Luft. Wir fliegen. Leben ist Fliegen. *Er springt mit ausgebreiteten Armen vom Stuhl. Fällt hin. Wird unter Gelächter hochgehoben.*« (S. 53) Auf diesem Hintergrund entwickelt die Szene mit den Ausführungen Trotzkis die Vorstellung einer revolutionären Massenkunst, die kritisch verändernde Wirkung in der parteilichen gesellschaftlichen Bindung entfaltet und behauptet – daß unter den gegebenen geschichtlichen Bedingungen diese Vorstellung notwendig utopischen Charakter hat, bleibt deutlich. So erscheint in den Ausführungen André Bretons im vierzehnten Bild auch konsequent die Unterdrückung revolutionärer Kunst als Signum der allgemeinen gesellschaftlichen Unterdrückung im Stalinismus: »Indem die zentralisierte allmächtige Partei ihre Bürger neuen Zwangsordnungen unterwarf, anstatt sie endlich davon zu befreien, machte sie das Bild rückgängig, von dem die Revolutionäre ausgegangen waren. Der Prozeß spiegelt sich auch auf der Ebene der Kunst. Völlige Zerschlagung des autonomen Denkens. Vernichtung jeder wirklich revolutionären Handlungsweise.« (S. 138)

Die Modellierung der Kritik am Stalinismus zur Kritik an der Gegenwart, welche diese Vergangenheit noch nicht überwunden hat, ist Ergebnis der Darstellung im zweiten Teil des Stückes. Die geschichtlichen Ursachen der negativen nach-revolutionären Entwicklung werden zur Erklärung angeführt, doch wird auch nicht verschwiegen, welche Rolle die Entscheidungen Lenins und auch Trotzkis spielten: Die Diskussionen des zehnten Bildes halten die Diskrepanz von realer gesellschaftlicher Entwicklung und revolutionärer Idee des Sozialismus fest. In der Konfrontation der realpolitischen Argumentation Lenins

[7] Hans Mayer, Peter Weiss und die zweifache Praxis der Veränderung. Marat – Trotzki – Hölderlin, in: H. M., Vereinzelt Niederschläge, S. 244–252; Zitat S. 249.

und Trotzkis mit der utopisch orientierten Kritik anderer Parteigenossen ist jener humane Sozialismus, der nicht unmittelbar zu verwirklichen war, als Korrektiv der vergangenen und noch gegenwärtigen Entwicklung formuliert und aufbewahrt – denn wiederum ist die Darstellung der historischen Fakten vom Bewußtsein des seitherigen Geschichtsverlaufs deutlich bestimmt und damit auch für den Zuschauer zur Gegenwart geöffnet. Zur einseitigen Verzeichnung führt dieses Verfahren im folgenden elften Bild mit Lenins prophetischer Warnung vor Stalin: eine geschichtlich folgerichtige Entwicklung erscheint hier als individuell bedingter plötzlicher Wandel. Diese Umformung, welche die Grenzen der dokumentarischen Grundlagen überschreitet, ist allerdings durch die betont fiktive Fassung des ›Totengesprächs‹ ästhetisch markiert.[8] Adäquate szenische Darstellung findet die geschichtliche Kritik dagegen im dreizehnten Bild mit der Vision der Moskauer Prozesse, die dramaturgisch Ende und Höhepunkt vorbereitet. Kritische Korrektur erfahren die gezeigten Vorgänge nicht allein durch das Wissen des Zuschauers, sondern bereits auf der Bühne durch das in szenischer Montage mögliche unmittelbare Eingreifen Trotzkis. Wenn »eine Anzahl namenloser Angeklagter« (S. 130) stellvertretend für alle Opfer des Terrors auftritt, wird durch die formale Parallele an die namenlosen Zeugen der »Ermittlung« erinnert – ähnliche Konsequenzen der Systeme sind damit indirekt bezeichnet. Auf diesen Höhepunkt in der Vergegenwärtigung des Negativen folgt als Gegengewicht das vierzehnte Bild, auf die radikale Kritik die Hoffnung der Utopie. Auch wenn Trotzki hier sein Vermächtnis auf die »nüchterne Voraussicht des dialektischen Materialismus« (S. 141) gründet und keine »utopische Prophezeiung« (S. 141) in ihm sieht, ist die Geschichte noch offen für die Bestätigung oder Widerlegung seiner Aussagen. Trotzkis ›Testament‹ – so der Titel der Szene – wendet sich in seiner zusammenfassenden und appellativen Formulierung unmittelbar an die Zuschauer; die Gesprächspartner auf der Bühne werden hier zum dramaturgischen Notbehelf, den eine Durchbrechung der Gesprächskonstellation als ästhetisch markierte Lösung hätte ersetzen können.

An dieser wie an anderen Stellen tritt ein Mißlingen der ästheti-

---

[8] Vgl. dazu Trotzkis Anrede an Lenin: »Aber als du starbst, da blieb nur noch Machtkampf übrig.« (S. 99)

schen Durchführung deutlich hervor: Die politische Argumentation
bleibt in der Bindung an die Form der Diskussion, welche die Grundlage der meisten Szenen bildet, inhaltlich und reduziert den szenischen
Vorgang auf ein Äußerliches. Wieder werden die Grenzen der Zitatmontage sichtbar, wo das Übergewicht des Stofflichen eine adäquate
Realisierung des geschichtlichen Gehalts in ästhetischer Produktion und
Rezeption gefährdet. Bezeichnet die sprachliche als begriffliche Bearbeitung im Durchscheinen der aktuellen Diskussion die gegenwartsbe-
stimmte Konstruktion des Werkes, so bleiben andere Tendenzen der
sprachlichen Fassung – vor allem die syntaktischen Verkürzungen –
ohne erkenntnisvermittelnde Funktion.[9] Doch ist das Stück wegen dieser Mängel im Detail nicht insgesamt als »gedanklich und ästhetisch
unkonzentriert, beliebig und oberflächlich«[10] abzuwerten, da die ästhetische Bedeutung der Gesamtstruktur durch sie nicht negiert wird: Der
Modellcharakter bleibt bestehen in der szenischen Verbildlichung der
Exil-Situation als Opposition gegen die reale gesellschaftliche Entwicklung, in der Organisation und Deutung des Materials durch die
ästhetisch markierte parteiliche Perspektive gegen die Geschichtsschreibung der Herrschenden und in der Öffnung des Geschichtsprozesses
durch die verfremdende Montage von Raum und Zeit.

---

[9] Vgl. die hier berechtigte Kritik von Otto F. Best, Peter Weiss, S. 174f.
[10] Henning Rischbieter, Peter Weiss, 2. Aufl. Velber bei Hannover 1974
(= Friedrichs Dramatiker des Welttheaters 45), S. 95.

IV. Realität und Fiktion

Die gegen das dokumentarische Theater gewendete These, jede Transponierung dokumentarischen Materials in den Kontext einer szenischen Darstellung hebe die spezifische Bedeutung dieses Materials, nämlich Teil der außerästhetischen Wirklichkeit zu sein, gänzlich auf, erweist sich im Hinblick auf den Zuschauer als zu kurzgreifend: dieser erkennt die dokumentarischen Elemente, auch wenn sie nun in einem ästhetisch bestimmten Kontext ›fiktionalisiert‹ werden, wieder als Teile seiner Wirklichkeit, und zwar in einer anderen Weise als er in gänzlich fiktiven Strukturen Abbilder der Wirklichkeit erkennt. Über den Realismus und die Qualität des Werkes entscheidet freilich erst, wie diese durch Aufhebung der Autonomie erreichte Öffnung zur Wirklichkeit in der künstlerischen Konstruktion funktionalisiert wird. Die so relativierte These der durchgehenden Fiktionalisierung enthält indessen auch eine richtige Bestimmung, die aber nicht als Negation, sondern als Begründung der Möglichkeit dokumentarischen Theaters zu begreifen ist. Dessen künstlicher Charakter, der noch keinen Kunstcharakter bedeutet, ist mit der Komposition ausgewählter Fakten und Zitate, ja bereits mit der Form des Bühnenstückes von vornherein gegeben; der zusätzliche Anteil ursprünglich fiktiver Elemente wirkt hier nicht ausschlaggebend, denn »schon die literarische oder theatralische Vermittlung an sich modifiziert das authentische Material (den Inhalt), indem sie es in die Fiktionalität überführt. Und gerade die Aufführung liefert zur reproduzierten Wirklichkeit eine Reihe von Fiktionssignalen mit: den Vorhang oder die Rampe, die Bühnen- und Publikumswirklichkeit trennen; die Bühne bzw. das Podium, die nur Spielfläche sind; den Schauspieler, dessen Person nicht mit der Rolle gleichgesetzt werden kann.«[1] Ist eine derart beschriebene Fiktionalisierung als selbstver-

---

[1] Walter Hinck, Das moderne Drama in Deutschland, S. 208.

ständlich vorauszusetzen, so entscheidet sich die Frage nach dem Sinn dokumentarischen Theaters am Realitätsgehalt der abgebildeten oder zitierten Fakten. Dieser aber ist – in der Realität wie in der Fiktion – keine unveränderlich immanente, sondern eine vom Kontext abhängige relationale Qualität. Denn die »Faktizität der Fakten ist nicht die Wirklichkeit der Fakten, sondern ihre fixierte Oberflächlichkeit, Einseitigkeit und Unbeweglichkeit. Die *Wirklichkeit* der Fakten ist der *Faktizität* der Fakten nicht etwa deshalb entgegengesetzt, weil sie eine Wirklichkeit *anderer* Ordnung wäre und damit eine von den Fakten *unabhängige* Wirklichkeit, vielmehr deshalb, weil sie die *innere* Beziehung, die Dynamik und Widersprüchlichkeit der Totalität der Fakten ist.«[2] Wenn also Joachim Kaiser betont, »daß ein Vorgang in dem Augenblick, da er gespielt wird, auf keinen Fall identisch sein kann mit der Faktenwahrheit«,[3] so ist jede Vorstellung einer einseitig fixierbaren Identität als falsche Voraussetzung zurückzuweisen. Solche Identität kann im dokumentarischen Theater allenfalls vorgetäuscht werden durch den Illusionismus der geschlossenen Bühnenhandlung oder durch scheinbar neutrale Präsentation des Zitats – Verfahrensweisen, die eine kritische Vermittlung der Fakten als Vermittlung ihrer ›Wirklichkeit‹ verfehlen und zur Trivialität der Form oder zum Verzicht auf Erkenntnis durch die künstlerische Form neigen. Dokumentarisches Theater, das als modellierende Konstruktion Erkenntnisanspruch erhebt, hat dagegen die Nicht-Identität zwischen realen Fakten und ästhetischer Faktendarstellung zur Voraussetzung, ohne jedoch mit dieser Problematisierung herkömmlicher Identitäts-Vorstellungen den Wirklichkeitsanspruch der Fakten zu negieren. Die Faktizität der Fakten ist Grundlage, nicht Ziel der Gestaltung; das dokumentarische Theater ist auf sie angewiesen, ohne in ihr aufzugehen. Die ästhetische Konstruktion interpretiert die – an sich bedeutungslosen, weil fast beliebig deutbaren – Fakten in Opposition zu ihrer vorgegebenen Einordnung. Kritik als Ziel der Darstellung setzt Veränderung des Bestehenden in der ästhetischen Bearbeitung voraus. Zeigt so das dokumentarische Theater einerseits die Indifferenz der isolierten Fakten

---

[2] Karel Kosík, Die Dialektik des Konkreten. Eine Studie zur Problematik des Menschen und der Welt, 7.–8. T. Frankfurt am Main 1971, S. 51.

[3] Joachim Kaiser, Eine kleine Zukunft, Akzente 13 (1966), S. 212–216; Zitat S. 216.

auf, werden diese Fakten andererseits doch zum Träger und Vermittler kritischer Bedeutung. Diese immanente Ambivalenz der Fakten muß die strukturelle Spannung des dokumentarischen Theaters durchhalten, wenn sie nicht in einseitige Aufwertung oder Abwertung der Fakten umschlagen soll. Auch dazu gibt materialistische Theorie einen erläuternden Kommentar: »Ein gesellschaftliches Phänomen ist eine historische Tatsache, insofern es als Moment eines bestimmten Ganzen erforscht wird, also eine *doppelte* Aufgabe erfüllt, die erst eine historische Tatsache aus ihm macht: einerseits sich selbst, andererseits das Ganze zu definieren; Produzent und gleichzeitig Produkt zu sein; bestimmend zu sein und gleichzeitig bestimmt zu werden; Enthüller zu sein und gleichzeitig sich selbst zu dechiffrieren; seine wirkliche Bedeutung zu erlangen und gleichzeitig etwas anderem einen Sinn zu geben.«[4] Wäre das Faktenmaterial nur austauschbares Demonstrationsobjekt, wandelte das dokumentarische Theater sich zum Parabeltheater, in dem das Stoffliche äußerlich bliebe; wird das dokumentarische Material als Äquivalent des konkreten Wirklichkeitsbezugs in die ästhetische Struktur integriert, in der es eine kritische Deutung erfährt, ist es auch ›Demonstrationssubjekt‹, das auf bestimmte Bereiche der gegenwärtigen Wirklichkeit verweist. Diese Funktion können nur Fakten aus geschichtlichen Vorgängen entwickeln, die im gegenwärtigen Prozeß noch ungelöst zur Entscheidung anstehen; damit ist schon immanent die Bedingung aufgestellt, daß nur Fakten der Zeitgeschichte die Grundlage sinnvollen dokumentarischen Theaters bilden können.[5]

---

[4] Karel Kosík, Die Dialektik des Konkreten, S. 43.

[5] Eine unechte Adaption des dokumentarischen Theaters ist deshalb das Stück von Dieter Forte, Martin Luther & Thomas Münzer oder Die Einführung der Buchhaltung, Berlin 1971 (= Quarthefte 48). – Der dokumentarische Anspruch äußert sich im Anhang mit wissenschaftlicher Literatur und in der Vorbemerkung: »Die Texte sind zum größten Teil Originaltexte. Zahlen und Fakten stimmen.« (S. 6) Trotz dieser dokumentarischen Grundlage ist das Stück wesentlich parabolisches Geschichtsdrama (ähnlich wie Brechts »Leben des Galilei«), da die Gegenwartsbezogenheit des Modells nur in seiner vollständigen Übertragung, also auch in der Lösung von den Fakten, zu realisieren ist. Dies spricht unbewußt auch die – ansonsten auf dem dokumentarischen Charakter bestehende – Nachbemerkung des Autors aus: »Das Stück spielt von 1514–1525. Daß die Bezüge auf unsere Zeit so klar und unübersehbar sind, hat mich selbst überrascht. Es bedurfte keiner Aktualisierung, keiner für das Theater zurechtgebogenen Konfrontation. Es gibt anscheinend Konstellationen, die

Die doppelte Funktionalisierung folgt aus jener dialektischen Einheit von Konkretem und Abstraktem, in der die Fakten und die Erkenntnis ihrer Wirklichkeit verbunden sind. Wieder entscheidet die jeweilige ästhetische Strukturierung über die Realisierung der doppelten Bedeutung in Produktion und Rezeption. Wenn die Bearbeitung und Öffnung des Dokuments durch ästhetische Stilisierung als Verfremdung Voraussetzung der Erkenntnis sind, bedeutet eben diese ästhetische Notwendigkeit zugleich auch eine Entfernung vom Dokument, die umschlagen kann in dessen Entwertung als zeitgeschichtlichen Verweisungselements im Gegenwartsbezug. Das Bewußtsein dieser Möglichkeit veranlaßt Peter Weiss zu einer kurzschlüssigen theoretischen Trennung von Inhalt und Form, die mit der ästhetischen Strukturierung nicht vereinbar ist: »Das dokumentarische Theater enthält sich jeder Erfindung, es übernimmt authentisches Material und gibt dies, im Inhalt unverändert, in der Form bearbeitet, von der Bühne aus wieder.«[6]

Die mögliche Gefährdung des dokumentarischen Gehalts durch eine gesteigerte Theatralisierung ist am Beispiel von Tankred Dorsts »Toller« zu untersuchen; extremes Gegenbeispiel ist Hans Magnus Enzensbergers »Verhör von Habana«, weil der Autor hier jeden ästhetischen Anspruch leugnet, um einer Fiktionalisierung und Neutralisierung des Dokuments entgegenzuwirken. Von diesen extremen Positionen aus wird sich die Problematik des dokumentarischen Theaters abschließend als ungelöst erweisen, ohne daß aus diesem Ergebnis eine undifferenzierte Ablehnung der realisierten Formen zu folgern wäre.

---

sich modellhaft wiederholen.« (S. 140) Der Gehalt des Stückes ist damit nicht spezifisch dokumentarisch bestimmt, und das Bemühen um historische Exaktheit bleibt ästhetisch funktionslos.

[6] Peter Weiss, Notizen zum dokumentarischen Theater, S. 91f.

1. Theatralisierung des Dokuments?
Tankred Dorst, »Toller«

Zweifel an der Auffassung des Stückes »Toller«[1] als dokumentarischen Theaters leiten sich nicht von den in der offenen Form enthaltenen frei erfundenen Szenen her, die thematisch den Reflex der politischen Ereignisse im privaten Bereich nachzeichnen, sondern von der extremen Verfremdung durch karikierende und groteske Züge auch in vielen der auf dokumentarischer Grundlage gearbeiteten Szenen. Diese auffällige Theatralisierung im grotesken Stil scheint den dokumentarischen Gehalt zu überlagern, indem sie das Stück strukturell zum kritischen Modell einer nicht primär politisch-gesellschaftlich verstandenen ›Selbstdramatisierung‹ prägt, wie sie in der Intention des Autors am Anfang der Werkentwicklung steht.[2] Auf die über solches Interesse weit hinausreichenden Dimensionen des Werkes indessen machte bereits die Stuttgarter Uraufführung 1968 aufmerksam, wo das Stück zu großen Teilen im Stil der Piscator-Bühne inszeniert wurde.[3]

---

[1] Tankred Dorst, Toller, Frankfurt am Main 1969 (= edition suhrkamp 294). Alle Zitate im folgenden nach dieser Ausgabe.

[2] Vgl. dazu Tankred Dorst, Arbeit an einem Stück, in: Spectaculum XI. Sechs moderne Theaterstücke. Adrien – Babel – Bond – Dorst – Müller – Witkiewicz, Frankfurt am Main 1968, S. 328–333. – Dorst, der den Grundgedanken zuerst parabolisch an dem antiken Schauspieler und Märtyrer Philemon gestalten wollte, nennt nach dem Bekanntwerden mit dem Toller-Stoff als Grund für sein Interesse den »Vorgang der Selbstdramatisierung eines Menschen in einer bestimmten – hier in einer politischen, nicht privaten – Situation.« (S. 329) Die Differenzierung und Ausweitung der Thematik durch den bestimmten Stoff wird danach ausdrücklich betont: »Ich hatte jetzt – das war ein großer Vorteil – eine bestimmte Zeit: 1919, einen bestimmten Ort: München, eine bestimmte politische Situation: die Räterepublik. ⟨...⟩ Der Vorgang war also konkret politisch und verlor schon dadurch seinen bloß theaterhaften Modellcharakter.« (S. 329)

[3] Vgl. dazu vor allem Günther Rühle, Literatur, Abenteuer und Republik, in: Werkbuch über Tankred Dorst, hg. von Horst Laube, Frankfurt am

Eine Analyse des Textes hat nun zu untersuchen, ob die gesteigerte Theatralik und die grotesken Verzerrungen als konsequente Metaphern der vorgeführten Selbstdramatisierung ausschließlich Struktur und Bedeutung des Werkes bestimmen[4] – und die dokumentarischen Elemente damit äußerlich bleiben – oder ob auch die zitierte historische Realität ästhetisches Gewicht erhält und in der kontrastierenden Montage kritisch verfremdet, doch nicht insgesamt als grotesk denunziert wird. Umfassende Theatralisierung als umfassende Kritik alles Gezeigten scheinen die vorangestellten Regieanmerkungen zu signalisieren: »Das Ganze als Revue« und »Licht wie im Zirkus: Spotlights auf den jeweils bespielten Flächen« (S. 6). Doch hat ›Revue‹ in diesem Zusammenhang seit Piscator auch die positive Bedeutung einer offenen Dramaturgie politischer Demonstration und Agitation gewonnen, und die vorgeschlagene Beleuchtung bildet auch eine Reminiszenz an den literaturgeschichtlichen Umkreis der expressionistischen Bühne mit ihrer ausgeprägten Lichtdramaturgie des Scheinwerferkegels. Deutlicher wird dann in der Abfolge der Szenen das umfassend Theatralische durch das historisch Bestimmte so differenziert, daß in der Unterscheidung kritische Erkenntnis möglich wird. Ein Überblick zeigt, wie verschiedene Formen der szenischen Präsentation und nicht deren Einheitlichkeit die Bedeutung des Werkes konstituieren.

Daß die erste Räteregierung keine Aussicht auf politischen Erfolg haben konnte, zeigt schon die eröffnende Szene (S. 7–15), in der anarchistische Spontaneität bei der Ausrufung der Räterepublik und der Regierungsbildung die fehlenden realpolitischen Grundlagen deutlich erkennen läßt. Politischen Illusionismus auch in der Bevölkerung zeigt die nächste Szene mit dem Umzug von Arbeitern und jungen Leuten, die »übergroße groteske Puppen – wie zu Karnevalsumzügen –«

Main 1974 (= edition suhrkamp 713), S. 90–94. – Über die zusätzlichen aktualisierenden Einblendungen der Inszenierung schreibt Rühle: »Es ist hier vollzogen die Vollendung Piscators, seine Vision von Theater; politisch, soziologisch, typologisch, seine offene Fakten signalisierende Spielweise.« (S. 90)

[4] Diese These vertritt Rainer Taëni, Die Rolle des ›Dichters‹ in der revolutionären Politik. Über ›Toller‹ von Tankred Dorst, Akzente 15 (1968), S. 493–510. – Taëni führt zur Bekräftigung seiner These eine einseitig akzentuierte Erläuterung der Szenenfolge durch (S. 496–500), auf die sich die hier vorgelegte Szenenbeschreibung kritisch bezieht.

(S. 16) mit sich führen. Einen ironischen Kommentar bedeutet danach der im Kontext als positive Forderung ernst gemeinte Ruf nach einem »Revolutionstheater« (S. 19). Tollers politisches Programm, von ihm selbst als »realpolitisch« gegen die bloße »Schwärmerei« (S. 19) abgehoben, erweist sich durch den eiligen Eifer der Planung und die Emphase der Formulierung als eben solche Schwärmerei. Die ironische Spiegelung in der privaten Ebene folgt mit der Szene, die Toller zusammen mit seiner politisch reflektierteren Freundin Olga zeigt (S. 20–23): »Hui«-Sein wird zur metaphorischen Formel des Schwärmertums. Eine komplizierte Engführung von Theatralisierung und Selbsttheatralisierung bringt die aus Tollers Drama »Masse – Mensch« zitierte Szene (S. 24–26) dadurch, daß Toller in der Maske der ›Frau‹ erscheint. Die Vermischung von persönlicher und politischer Problematik und die unangemessene, weil von der Realität ablenkende Ästhetisierung der Politik sind damit in präziser Bildlichkeit bezeichnet; die Darstellung bedeutet zugleich die Kritik des Dargestellten. Dieses Theater im Theater erfährt noch eine zusätzliche Verfremdung: »Ein bürgerliches Theaterpublikum klatscht Beifall« (S. 26). Die szenische Pointe markiert die Wirkungslosigkeit und mehr noch stabilisierende Wirkung von politischer Literatur, die ideologisch und ästhetisch in dem Bereich verharrt, den sie angreift, und damit die Realität nicht erfaßt. Umgekehrt gilt dies, durch das historische Beispiel belegt, für politisches Handeln, das die Realität literarisch mißversteht. In der unmittelbar anschließenden Kritik der ersten Räteregierung durch eine kommunistische Delegation wird dieser Zusammenhang in der gegebenen politischen Situation konkretisiert: »Die Eile, mit der die Räterepublik vorbereitet worden ist, und die Ungeduld, mit der sie von gewissen Kreisen vor allem in der Sozialdemokratie erwartet worden ist, legen uns vielmehr den Verdacht nahe, daß man sie verfrüht und ohne Fundierung im Proletariat ins Leben rufen wollte, um sie dann um so leichter zum Scheitern zu bringen.« (S. 27) Dieser – in keiner Weise szenisch verfremdeten – Erklärung folgt als Illustration und Beleg des Kritisierten die »anarchistische Party in einer Villa« (S. 27); politisches Unbewußtsein propagiert Kaviar auf der Schuhsohle als revolutionären Akt und formiert sich am Ende zur »grotesken Prozession« (S. 30). Der Vortrag Gustav Landauers in der Universität, der gegen den Marxismus polemisiert und einen utopischen Sozialismus predigt (S. 31f.), kontrastiert mit der Szene der antisemitischen Studenten (S. 33f.): eine klägliche Realität relativiert die großen Worte und verweist auf die Bedingtheiten politischen Handelns noch vor aller politischen Problematik. In ähnlicher Weise wird die folgende literarisch-politische Diskussion unter den Führern der Räteregierung (S. 34–38) durch einen Steinwurf in das Restaurant beendet.

Die redseligen Erinnerungen des entlassenen Verwalters der Residenz (S. 38–40) erwähnen im Vorgriff auf die weitere Entwicklung erstmals die Opfer der Räterepublik und schildern ungerührt grausige Details; die Toten bilden den düsteren Gegensatz zur Theatralik der ersten Räteregierung, der sich gegen Ende des Stückes zunehmend steigert und thematisch bestimmende Kraft erhält. Nach einer weiteren Kabarett-Szene einer Schwabinger Brettlbühne, die Ebert und Noske noch als Witzfiguren zeigen kann (S. 41–43), tritt, im Gespräch mit Toller, erstmals Leviné auf, der – in Übereinstimmung mit der historischen Realität – die Gegenfigur zu Toller darstellt, als Revolutionär mit genau bestimmten politischen Grundlagen und Überzeugungen, Einsicht in die realen Gegebenheiten und dementsprechend klaren taktischen Vorstellungen. Wiederum stehen hier die Argumente ohne szenische oder sprachliche Verfremdung gegeneinander, unverzerrt bleibt Tollers Eingeständnis seiner politischen Hilflosigkeit: »Leviné, Sie sind Berufspolitiker, ich nicht! Ich habe auch gar nicht den Ehrgeiz, Berufspolitiker zu sein! Ich bin an diesen Platz gestellt worden, weil man mich brauchte – die Arbeiter brauchten einen Führer, darum bin ich hier. Sie haben die revolutionäre Erfahrung! Und darum brauchen wir Ihre Mitarbeit.« (S. 47) Kabarettistisch ironisiert danach Mühsams Lampenputzersong die politischen Hemmungen bürgerlicher Revolutionäre (S. 48–50). Unmittelbar aufeinander bezogen sind im folgenden der Zerfall der ersten Räteregierung im Streit um taktische Fragen (S. 50–54) und die Verteilung von Waffen an Arbeiter (S. 54f.), das Telefongespräch zwischen Ebert und Noske über den Einsatz der Reichswehr (S. 55) und die Verhaftung Mühsams (S. 56). Diese Szenen bezeichnen den Übergang vom literarischen Spiel mit der Revolution zur wirklichen Revolution und kündigen das blutige Ende an.

Das gegensätzliche Verhältnis zur Revolution, das Toller und Leviné verkörpern, wird ästhetisch konsequent durch den differenzierten Einsatz verfremdender Strukturelemente sichtbar gemacht, durch karikierende Überspitzung und groteske Verzerrung auf der einen, dokumentarisch-zitierende Darstellung mit nur geschichtlich zu denkender Relativierung auf der anderen Seite.

Die Übernahme der Regierung durch die Kommunisten unter Leviné (S. 56–60), der in scharfer Form die Unfähigkeit Tollers hervorhebt, führt auch zur Begründung der Revolution in der Arbeiterschaft. Die Regieanweisungen zu Beginn und Ende der Szene machen den Wandel sinnfällig: »Unten verdrücken sich die Bürger. Die Bühne füllt sich mehr und mehr mit Arbeitern.« (S. 56) – »Die Bühne ist jetzt ganz voll mit Arbeitern.« (S. 60) Als kritischer Kontrapunkt folgt hierauf die Szene zweier Proletarier, die den noch nicht ausreichend entwickelten Bewußtseinsstand der angesprochenen Klasse verdeutlicht: marxistische Theorie in der mühsamen Vermittlung durch den Arbeiter Walter bleibt vom Dienstmädchen Resl in den Bedürfnissen und Nöten des Alltags unverstanden (S. 61–65). Nach den Kommentaren des Dr. Lipp, die im Irresein noch zutreffende Kritik andeuten (S. 66f.), steht die letzte politische Auseinandersetzung zwischen Leviné und Toller. Leviné versucht dem aufgeregten Idealismus Tollers kühl zu begegnen – »Sie müßten sich einmal entschließen, politisch zu denken« (S. 69) – und faßt angesichts dessen Unbelehrbarkeit sein Urteil zusammen in das Wort »Schauspieler« (S. 71). Toller bestätigt dieses Urteil durch seine später in anderer Weise wieder geübte Selbsttheatralisierung: »Toller – 1939, in Amerika – liest sechs alten Damen aus seinen Erinnerungen vor.« (S. 71) Nach diesem durch den zeitlichen Sprung noch akzentuierten satirischen Höhepunkt verdrängen Bilder der realen geschichtlichen Entwicklung die individuell bezogene Problematik des in Selbsttäuschung befangenen politisierenden Literaten: die Geiselnahme durch die Rote Armee (S. 74–76), das Vorrücken der Reichswehr (S. 76f.), der in der aussichtslosen Lage vergebliche Versuch, eine leistungsfähige Revolutionsregierung durchzusetzen (S. 77–88). Toller bleibt, jeder Einflußnahme beraubt, hilflos außerhalb der entscheidenden Entwicklung; nicht einmal seine Erschütterung beim Tod der Geiseln kann er mehr mitteilen – die Frau des Schuldieners beschließt die Szene seines verzweifelten isolierten Einsatzes: »Ich bet für den Toller, daß er verreckt.« (S. 91)

Mit stellvertretender Ausführlichkeit wird Landauers Ende bei den Weißgardisten gezeigt (S. 92–96), während der verfolgte Toller – ironische Reminiszenz an die vorherige Schauspielerei – sich noch durch Verkleidung zu retten versucht; selbst der Entschluß, sich zu stellen, gerät ihm zur Pose (S. 96–99). Der gewaltsame Tod des Arbeiters Walter, der im Gespräch Resls mit ihrem neuen Begleiter, einem Weißgardisten, nur als Nebensächlichkeit erwähnt wird, verweist dagegen auf das weniger spektakuläre Ende der ungenannten Opfer (S. 99f.).

In der farcenhaften Gerichtsverhandlung gegen Toller wegen Hochverrats – Toller wird als irregeleitetes Mitglied der Bourgeoisie von Zeugen und Gutachtern entlastet und milde bestraft – kommen durch die Verwendung von Masken noch einmal Elemente grotesker Verfremdung ins Spiel (S. 100–106); Tollers historische Schlußrede wird durch die Übernahme der Spielsituation aus »Masse – Mensch« wie in der früheren Szene des Stückes denunziert, ein Zwischenrufer wiederholt zum letztenmal das Leitmotiv »Schauspieler« (S. 105). Ästhetisch konsequent ist mit dieser Gestaltungsweise die eine Ebene des Werkes durchgeführt, die Kritik an Toller als Kritik intellektueller Illusionen in der Selbsttheatralisierung – hier allerdings um den Preis einer entschiedenen Unterbewertung des geschichtlichen Dokuments. Denn Tollers Rede, wie sie zitiert wird, zeugt im Rahmen der Situation nicht nur von moralischer Standfestigkeit, sondern auch von einem Lernprozeß zu weitreichender politischer und ideologiekritischer Einsicht: er reflektiert und erkennt die politische Neutralisierung und Vereinnahmung des kritischen Schriftstellers in der bürgerlichen Gesellschaft und versucht, wenn auch mit notwendig erfolglosen Worten, sich dagegen zur Wehr zu setzen. In scharfem Kontrast zu dieser politischen Rhetorik zeigt die letzte Szene mit der Erschießung von Arbeitern durch die Reichswehr das Ende jener, denen nicht der literarische, sondern nur der reale Kampf offensteht (S. 106f.). Die Perspektive der Opfer läßt Tollers politische Aktivität als verantwortungslose Schauspielerei erscheinen, sie verbietet aber zugleich eine Reduzierung des gesamten Geschehens auf die Theatralik einer folgenlosen Episode. Ihre akzentuierte Stellung am Schluß verstärkt im Rückbezug jene zweite Ebene des Werkes, die – ästhetisch markiert durch das Fehlen einer szenenimmanenten relativierenden Verfremdung – die Bedeutung der realen Geschichte und die politisch-gegenwärtige Fragestellung neben Tollers Schauspielerei mit Nachdruck aufrecht erhält.

Taënis These, die durch ihre Theatralik hervorstechenden Szenen wirkten »durch den Kontrast der Übersteigerung als verfremdender Kommentar zum Vorhergehenden wie auch zum Folgenden, beides so gewissermaßen in die Groteske des Ganzen miteinbeziehend«,[5] zeigt ihre anzuzweifelnde Gültigkeit gerade in der Gegenüberstellung der letzten beiden Szenen. Am Ende seiner Szenen-Paraphrase schreibt Taëni: »Nach dieser ziemlich gewaltsamen Übersteigerung ⟨der Gerichtsszene⟩ muß die abschließende Szene, die nur das Aufrufen von Arbeitern zeigt, die dann abgeführt und erschossen werden, gerade durch ihre Wirklichkeitsnähe erschütternd wirken – um so mehr, wenn ihr Beginn, der Auffassung Dorsts entsprechend, schon in Tollers letzte Worte eingeblendet wird. So halten sich im Verlauf des gesamten Stücks das Dramatisch-Realistische und das Theatralisch-Groteske die Waage, einander gegenseitig ständig akzentuierend und verfremdend. ⟨...⟩ Die hochstilisierte Gerichtsszene wirkt dennoch zugleich realistisch, wie ja auch die Rede Tollers in ihrem Wesensgehalt der ›echten‹ Rede folgt – die realistisch dargestellte Aufrufung der Arbeiter zur Erschießung aber ist, besonders im Anschluß daran, von grotesker Unwirklichkeit. Hier zeigt sich die gelungene Übersteigerung, welche, wie Dorst es beabsichtigt, die Wirklichkeit in ihren theatralischen Zügen zu entlarven vermag.«[6] Solcher interpretatorischen Dialektik – die von einer richtigen Unterscheidung der beiden strukturell kontrastierenden Präsentationsformen ausgeht – wird man schon im Blick auf die geschichtliche Realität der Opfer nicht folgen können. Wenn Dorst von einer »blutigen Farce« spricht,[7] bedeutet dies eine spezifische Kritik der historischen Ereignisse, Taëni dagegen verallgemeinert ins Existentielle: »Die Wirklichkeit des Lebens als Theater, die Revolution als groteske Farce«.[8] Die These von der wechselseitigen Verfremdung scheint nur deshalb wiederholt zu werden, um letztlich jede Revolution als grotesk zu entlarven. Nicht Tollers Schwärmerei sei verantwortlich für das Scheitern der Revolution: »Vielmehr denunziert das Stück in seiner Dramaturgie der ständigen gegenseitigen Kontrastierung von

---

[5] Rainer Taëni, Die Rolle des ›Dichters‹ in der revolutionären Politik, S. 496.
[6] Rainer Taëni, Die Rolle des ›Dichters‹ in der revolutionären Politik, S. 500.
[7] Tankred Dorst, Arbeit an einem Stück, S. 331.
[8] Rainer Taëni, Die Rolle des ›Dichters‹ in der revolutionären Politik, S. 500.

Realismus und Groteske nicht allein Tollers Theatralik, sondern entlarvt gleichzeitig den von dieser abgehobenen ›Realismus‹ als im Grunde nicht minder grotesk.«[9]

Demgegenüber bleibt festzuhalten, daß Leviné das entscheidende Korrektiv zu Tollers Versagen darstellt. Diese Aussage stützt sich nicht auf inhaltliche Argumentation, sondern ist in der ästhetischen Struktur begründet, die deutliche Alternativen markiert. Dabei wird Leviné weder unvermittelt als Lösung angeboten noch in seinen politischen Handlungen unterschiedslos gerechtfertigt – als Gegenfigur zu Toller ist er jedoch eindeutig positiv gezeichnet, indem Toller die Unmöglichkeit, Leviné eine Möglichkeit politischen Handelns vertritt.[10] Mit der Funktionalisierung im Modell ist eine Relativierung des Historisch-Konkreten verbunden.

Die in der Szenenanalyse festgestellte differenziert eingesetzte Verfremdung des dokumentarisch Belegten bewirkt seine Kritik durch die Kunstform und nicht seine durchgehende Abwertung zum geschichtlich Bedeutungslosen. Unterschiedslose Verzerrung hätte zur grotesken Parabel geführt, in der die dokumentarischen Elemente beliebig austauschbar und damit nicht in ihrem spezifisch zeitgeschichtlichen Bezug bedeutungskonstitutiv wären. Dann hätte das Stück in keiner Weise mehr dokumentarischen Charakter. Indem aber die szenische Präsentation den geschichtlichen Gehalt der Dokumente ästhetisch markiert, führt sie die doppelte Funktionalisierung des Dokumentarischen durch, das in der gegenwartsbestimmten Konstruktion zum politischen Kommentar wird.

---

[9] Rainer Taëni, Die Rolle des ›Dichters‹ in der revolutionären Politik, S. 505 f. – Da Taëni das von ihm behauptete verfehlte Realitätsverhältnis auch der Kommunisten ästhetisch nicht bezeichnet findet, sucht er es inhaltlich zu belegen mit eigenen Wertungen wie »einseitige, fanatische Politiker«, denen »zuweilen fast tierischer Ernst« und »moralische Beschränkung« anhaften (S. 508). – Inzwischen liegt eine weitere Interpretation des Stückes vor, die Taënis Thesen trotz Korrekturen im einzelnen am Ende noch überbietet und sich vollends in das Unbestimmte existentieller Tragik verliert: William H. Rey, Der Dichter und die Revolution. Zu Tankred Dorsts ›Toller‹, Basis 5 (1975), Frankfurt am Main 1975 (= suhrkamp taschenbuch 276), S. 166–194.

[10] Cesare Cases, marxistisch argumentierend, kritisiert sogar die einseitige Hervorhebung Levinés, da er die Gefahr irrationaler Auratisierung anstelle von geschichtlicher Bewertung sieht (Cesare Cases, Von Philemon bis Toller (und zurück), in: Werkbuch über Tankred Dorst, S. 117–138).

Wenn auch anarchistische Theorien oder der Rätegedanke als Versuch einer radikalen Demokratie bei Erscheinen des Stückes in der Diskussion standen, führt »Toller« keine unmittelbar übertragbaren politischen Möglichkeiten vor. Die Abstraktion der kritischen Darstellung erbringt die Konkretion des gesellschaftlichen Gehalts: der mißlingenden Vermittlung von Theorie und Praxis bei engagierten Intellektuellen im Prozeß der gesellschaftlichen Veränderung. Die Alternativen in diesem Prozeß, der das vorgeführte Beispiel und die Gegenwart umfaßt und immer noch in der Entscheidung steht, sind dabei dokumentarisch konkret bezeichnet. Voluntarismus und isolierter Aktionismus als wiederkehrende Erscheinungen sind Gegenstand der Kritik; die spezifische Historizität des Stückes nimmt dabei auf dem Höhepunkt der Studentenbewegung das Ende von deren erster Phase vorweg.[11]

Zeigt die Geschichte der sechziger Jahre die Relevanz theoretischer Arbeit für reale gesellschaftliche Entwicklungen, so trennt auch das Stück »Toller« Theorie und Praxis keineswegs undialektisch. Lediglich jene Versuche werden negiert, Theorie – also auch schriftstellerische Tätigkeit – und Praxis unvermittelt ineinszusetzen. Zugleich werden Bedingungen und Möglichkeiten realer Veränderung demonstriert. Damit verweist das Stück in ästhetischer Selbstreflexion auch auf die Grenzen des politischen Theaters, die dort überschritten sind, wo das Theater sich als politische Handlung mißversteht.

Offenheit bis zur immanenten Selbstkritik bleibt so das bestimmende Strukturmerkmal des Werkes. Henning Rischbieter sieht darin eine Verwirklichung des dokumentarischen Theaters, die höchste Qualität besitze durch den Verzicht »auf die ›dichterische‹ Geschlossenheit, die bei Hochhuth und Weiss durch die Versform, die idéelle Fixierung oder die agitatorische Abgezwecktheit, die selbst bei Kipphardts ›Oppenheimer‹ durch die Stilisierung zu Brechts ›Galilei‹ hin sich – mindestens als Intention – bemerkbar macht.«[12] Diese Offenheit der Vermittlung bestätigt den Realitätsgehalt der Fakten, indem sie ohne die

---

[11] Ein besonders deutliches Beispiel für den Kommentar zur Gegenwart bietet die im Anhang aufgenommene Szene, die mißlingende Solidarität zwischen Arbeitern und Studenten vorführt (S. 114–117).

[12] Henning Rischbieter, Fragmente einer Revolution, Theater heute 9 (1968), H. 12, S. 9f.; Zitat S. 9.

Täuschung szenischer Illusion auskommt; sie gefährdet ihn aber auch, wo die freie ästhetische Verfügbarkeit des Dokumentarischen in die Unverbindlichkeit des Geschichtlichen umzuschlagen droht. Wie die Wirklichkeitsillusion hat so auch die gesteigerte Fiktionalisierung ihre eigene Ambivalenz. Ästhetisches Gewicht erhält sie als Möglichkeit, die Überwindung der historistischen Beschränkung zu signalisieren.[13] Die Fiktionalisierung im »Toller« bleibt noch innerhalb der Grenzen dokumentarischen Theaters, wo sie – wesentlich durch die beschriebene ästhetische Differenzierung – nicht die Scheinhaftigkeit des Wirklichen bedeutet, sondern die Kritik der dokumentarisch bezeichneten Wirklichkeit durch ihre Veränderung im Schein.

---

[13] Vgl. zur politischen Funktion der Fiktionalisierung auch die Fernsehfassung des Stücks »Toller«: Tankred Dorst/Peter Zadek/Hartmut Gehrke, Rotmord oder I was a German, München 1969 (=sonderreihe dtv 72). Dorst schreibt dazu: »Uns interessierte bei der Arbeit an dem Fernsehfilm nicht die sachliche Analyse und faktengetreue Dramatisierung eines historischen Ereignisses. Vielmehr kam es uns darauf an, den Zuschauer direkt und provozierend anzusprechen. Wir haben die Möglichkeiten des Fernsehens benutzt, um in Szenen, Szenenpartikeln, Interviews, Statements und anachronistischen Verfremdungen die Ereignisse der Rätezeit zu vergegenwärtigen, ohne sie präzis zu rekonstruieren.« (Tankred Dorst, Wie ein Theaterstück in einen Fernsehfilm verwandelt wurde, Theater heute 9 [1968], H. 9, S. 21)

2. Überwindung des Ästhetischen?
Hans Magnus Enzensberger, »Das Verhör von Habana«

Enzensbergers Text »Das Verhör von Habana«[1] – von einem Bühnenwerk ist nur noch mit Vorbehalt zu sprechen – hat, ähnlich wie Kipphardts »Oppenheimer« und Weiss' »Ermittlung«, ein Prozeß- oder Verhörprotokoll zur dokumentarischen Grundlage. Zu diesem bearbeiteten Verhörprotokoll tritt in der Buchausgabe eine – vorangestellte – Interpretation des Textes von solchem Umfang und Gewicht, daß sie mit dem dokumentarischen Anhang anderer Werke nicht zu vergleichen ist. Die in ihr genannten Prinzipien und Intentionen der Bearbeitung lohnt es genau zu verfolgen, da die auftretenden Widersprüche exemplarisch für die Problematik des gesamten dokumentarischen Theaters sind.

Die modellhafte Qualität der im Verhör sich offenbarenden Bewußtseinsstrukturen nennt der Autor als Begründung und Ziel seiner Bearbeitung: »Die Befragung der Gefangenen von Playa Girón, die an vier April-Abenden des Jahres 1961 in Habana stattgefunden hat, ist ein exemplarischer Vorgang, das heißt, ein Vorgang, dessen Bedeutung über seinen Anlaß hinausgeht. ⟨...⟩ Als Material zum Verständnis der cubanischen Geschichte lassen diese Dialoge sich nicht archivieren. Die Struktur, die in ihnen zum Vorschein kommt, kehrt nämlich in jeder Klassengesellschaft wieder. Daß sie an einem cubanischen statt an einem näher liegenden Exempel dargestellt wird, ist aber kein Kunstgriff, der es auf Verfremdung abgesehen hätte. Das Verhör von Habana ist ein heuristischer Glücksfall, zu dem ich in Europa kein Gegen-

---

[1] Hans Magnus Enzensberger, Das Verhör von Habana, Frankfurt am Main 1972 (= edition suhrkamp 553). Alle Zitate im folgenden nach dieser Ausgabe.

stück finden kann.« (S. 21f.)[2] Die Einzigartigkeit des Vorgangs ist durch die Situation bedingt: »Die herrschende Klasse kann nur als geschlagene Konterrevolution vollends zum Sprechen gebracht werden.« (S. 22) Der Grundsatz, daß die Erkenntnisleistung des Modells Abstraktion vom Zufällig-Einmaligen voraussetzt, wird davon nicht berührt; Enzensberger betont: »die Gefangenen sind austauschbar. Sie ließen sich in jeder westdeutschen, schwedischen oder argentinischen Stadt wiederfinden. ⟨...⟩ Außerdem zielen die Fragen, die gestellt, und die Antworten, die gegeben werden, nicht auf individuelle Handlungen oder Eigenschaften, sondern auf das Verhalten eines Kollektivs. Sie stellen, mit äußerster Schärfe, den Charakter einer Klasse bloß.« (S. 22) Diese Reflexion muß als strukturierendes Prinzip in die Bearbeitung des Dokuments eingehen, wenn die exemplarische Bedeutung realisiert und damit Erkenntnis vermittelt werden soll. Deswegen überraschen die Formulierungen, mit denen Enzensberger innerhalb der zitierten politischen Interpretation eine szenische Aufführung des dokumentierten Vorgangs als möglich und wünschenswert andeutet: »Wenn ich vorschlage, ihn zu studieren, ja sogar ihn zu wiederholen – als Rekonstruktion auf der Bühne oder auf dem Fernsehschirm –, so habe ich dabei nicht seinen lokalen Aspekt im Sinn.« (S. 21) Die Begriffe der Wiederholung und Rekonstruktion scheinen anzuzeigen, daß geschichtliche Deutung hier nicht als ästhetische Gestaltung geschieht. Führt aber nicht die Geschlossenheit des Dokuments in der szenischen Aufführung zu jenem Illusionismus, bei dem absolute Vergegenwärtigung in absolute Distanzierung umschlägt? Wird hier eine Neutralität des Dokuments hypostasiert, die im geschichtlichen Rezeptionsprozeß doch nicht besteht? Wie indessen schon hier die Rekonstruktion nur als Möglichkeit neben dem Studium des Textes erscheint, wird am Schluß der Einführung jeder ästhetische Anspruch explizit geleugnet: »›Das Verhör von Habana‹ ist weder ein Drehbuch noch ein Theaterstück. Dennoch kann es auf der Bühne oder vor der Fernsehkamera darge-

---

[2] Die Abstraktion vom lokalen Aspekt wird selbst durch die Praxis des Autors bestätigt, der gleichzeitig mit dem »Verhör von Habana« eine scharfe Kritik der Kommunistischen Partei Cubas verfaßt: Hans Magnus Enzensberger, 1970: Bildnis einer Partei. Vorgeschichte, Struktur und Ideologie der PCC, in: H. M. E., Palaver. Politische Überlegungen (1967–1973), Frankfurt am Main 1974 (= edition suhrkamp 696).

stellt werden.« (S. 54) Diese Äußerung ist mit einer ersten Erklärung wesentlich als Schutzbehauptung zu werten, die den Text vor einer Fiktionalisierung seiner Elemente und damit – im Zusammenhang der bürgerlichen ›Bewußtseinsindustrie‹[3] – vor einer Neutralisierung oder Verkehrung seines politischen Gehalts bewahren soll. Die Leugnung des Kunstanspruchs wird nicht durch die Möglichkeit der szenischen Rekonstruktion relativiert, wohl aber durch die folgenden Erläuterungen, die den Unterschied zu einer mechanisch-objektivistischen Wiederholung deutlich machen: »Eine solche Rekonstruktion wäre aber sinnlos, wenn sie sich damit zufriedengäbe, eine zeitlich und räumlich entfernte Situation abzubilden. Die Verhältnisse, die das Verhör erörtert, bestehen in vielen Teilen der Welt nach wie vor fort. Auf diese Verhältnisse zielt die Bearbeitung. Wenn die Rekonstruktion weitere Kürzungen erforderlich macht, so ist dabei in diesem Sinn zu verfahren.« (S. 54) Was den spezifischen Modellcharakter allen dokumentarischen Theaters ausmacht und diesem ästhetische Bedeutung verleiht, ist demnach auch für diesen Text formuliert. Die Anweisungen für eine strukturelle Umsetzung des Modellcharakters widersprechen jedoch der Erwartung: »Jede äußerliche Aktualisierung durch Mittel der Regie (Projektionen, Zwischenansagen, visuelle Gags) ist strikt zu vermeiden. Schlechte Unmittelbarkeit fiele nur der Vermittlung zwischen dem historischen Vorgang und der Realität des Zuschauers in den Arm.« (S. 54) Als szenische Verfremdung wird lediglich die Möglichkeit genannt, die Gefangenen durch ein und denselben Schauspieler darstellen zu lassen, als »ein Verfahren, welches die arbeitsteilige Kooperation der Konterrevolutionäre sichtbar macht und jene Totalität faßlich macht, in deren Leugnung die Gefangenen ihre Zuflucht suchen.« (S. 54) Nicht die illusionistische Vergegenwärtigung wird demnach als schlechte Unmittelbarkeit bezeichnet, sondern die Mittel äußerlicher Aktualisierung, deren Funktion darin besteht, dem Rezipienten Möglichkeiten

---

[3] Vgl. dazu Hans Magnus Enzensberger, Gemeinplätze, die Neueste Literatur betreffend, Kursbuch 15 (November 1968), S. 187–197. – Hier sind die Begründungen für Enzensbergers Ablehnung jedes ästhetischen Anspruchs gegeben: »Heute liegt die politische Harmlosigkeit aller literarischen, ja aller künstlerischen Erzeugnisse überhaupt offen zutage: schon der Umstand, daß sie sich als solche definieren lassen, neutralisiert sie. Ihr aufklärerischer Anspruch, ihr utopischer Überschuß, ihr kritisches Potential ist zum bloßen Schein verkümmert.« (S. 194)

einer geschichtlichen Vermittlung anzudeuten und damit die Erkenntnis seiner gegenwärtigen Situation zu fördern.

Diese Aussage widerspricht nur scheinbar den bisher festgestellten strukturellen Eigenheiten dokumentarischer Dramaturgie; sie verweist vielmehr auf deren konstitutiven Widerspruch: daß die Erkenntnis der im Dokument enthaltenen geschichtlichen Bedeutung nur in der Lösung vom streng Dokumentarischen zu vermitteln ist. Die von Enzensberger gemeinten Mittel einer äußerlichen Aktualisierung bringen ohne Zweifel immer auch eine Verwischung der historischen Differenz mit sich – und die Realisierung dieser jeweiligen Differenz ist Voraussetzung geschichtlichen Verstehens. Andererseits kann die ausschließliche Betonung der Differenz im positivistischen Ansatz zur Neutralisierung jeder Erkenntnis führen, welche als kritisch-hermeneutische die je eigene Gegenwart einbezieht. Mit dieser Unterscheidung setzt das dokumentarische Theater ein als Opposition zu gesellschaftlich bedingten Haltungen, in deren Folge historische Quellen und Ereignisse ideologisch unbewußt in affirmativen Zusammenhängen funktionalisiert werden. Demgegenüber gestaltet das dokumentarische Theater eine bewußte Funktionalisierung des Dokuments, die nicht nur einen Ausdruck jener Dialektik bedeutet, daß Objektivität allein in subjektiver Vermittlung zugänglich ist, sondern die als ihr Interesse die geschichtliche Vermittlung um einer emanzipativ-fortschrittlichen Praxis willen zu erkennen gibt.

Auch der Text des »Verhörs von Habana« hat kein anderes Ziel, doch scheut der Autor eine unvermittelte Anleitung zur Praxis, die in der Verwischung historischer Differenzen Gefahr läuft, selbst wieder der Ideologie zu verfallen.[4] Der Verzicht auf äußerliche Aktualisierung bei der Rekonstruktion des Verhörs (wobei diese Rekonstruktion sich selbstverständlich als Textbearbeitung in kritischem Interesse versteht) wird nur möglich durch das Vertrauen auf die – von der Person des Autors wohl vorschnell verallgemeinerte – hochentwickelte ideologiekritische Erkenntnisfähigkeit und politische Mündigkeit des Zuschauers. Nur weil der Autor die unmittelbare Überzeugungskraft und zu-

---

[4] Vgl. dazu als symptomatisch Enzensbergers Kontroverse mit Peter Weiss, dem er unvermittelt revolutionäres Denken vorwirft: Peter Weiss, Enzensbergers Illusionen, Kursbuch 6 (Juli 1966), S. 165–170; Hans Magnus Enzensberger, Peter Weiss und andere, Kursbuch 6 (Juli 1966), S. 171–176.

gleich weitgehende Repräsentanz des Dokuments so hoch einschätzt, kann er für seine Bearbeitung zum dokumentarischen Theater die ästhetische Intention als eine das Dokument überschreitende Modellierung leugnen. Mit diesen Voraussetzungen ergibt sich auch eine neue Möglichkeit der Identifikation, die sich stimmig in das Konzept der äußerlich verstandenen Rekonstruktion fügt: »Meine Einrichtung hat es nicht nur auf Kontrast abgesehen, sie soll auch dem Publikum Möglichkeiten der Identifikation anbieten, von denen ich hoffe, daß der Verlauf des Verhörs sie zerstört.« (S. 53) Damit ist eine qualitativ hochstehende Form politischer Erkenntnis umschrieben: Identifikation heißt Feststellung analoger ideologischer Strukturen und ist damit Beleg des aktuellen Bezugs, der die Situation des Zuschauers mitumfaßt – Aufhebung der Identifikation heißt Kritik des Dargestellten und damit Selbstkritik, theoretische Überwindung des vorgeführten und zugleich selbst erfahrenen Zustands. Wird die erreichte Identifikation nicht aufgehoben, hat sie besonders affirmative Wirkung, dauert sie, wie es hier durch die Strukturierung des Textes angestrebt wird, nur zeitweilig an, um dann noch während des Verhörs in die umfassende Kritik umzuschlagen, ist die erkenntnisfördernde Wirkung stärker als bei einer Vorführung, die von vornherein auf kritische Distanz abhebt, weil die Praxis des Zuschauers durch die Identifikation bereits unwiderlegbar in die Vorführung hineingenommen ist.

Voraussetzung für eine solche Rezeption des Textes ist dessen gezielte Bearbeitung, die von geschichtlich-ideologiekritischer Analyse ausgeht und durch eine eigene ›Dramaturgie‹ – ein ästhetischer Begriff! – entsprechende Wirkungen anstrebt: »Der folgende Text ist ein Auszug aus dem über tausend Seiten langen Tonband-Protokoll des Verhörs von Habana, das vier Nächte lang gedauert hat. Die Auswahl beschränkt sich auf zehn der insgesamt einundvierzig Verhöre. Sie ist zugleich eine politische Interpretation. Auf der hier gegebenen Auslegung beruht die Dramaturgie der deutschen Fassung; sie bestimmt auch die Kriterien der Auswahl.« (S. 52) Ebenso sehr wird aber wiederum das Moment der Rekonstruktion im Sinne der historischen Faktizität betont: »Jedes Wort und jeder Satz des Dialoges ist in Habana gefallen.« (S. 54) Das ausdrückliche Insistieren auf beiden Aspekten, der Auswahl und Anordnung als politischer Interpretation und der wörtlichen Treue im Detail, stellt den Versuch dar, die produktiven Widersprüche des dokumentarischen Theaters zu umgehen; geschichtliche Authentizität soll in der offengelegten Parteilichkeit und zugleich in der strengen Bindung an das Dokument begründet sein. Gegen die ästhetische Aufnahme des Textes bei einer szenischen Aufführung stellt sich auch die Beschreibung der historischen Örtlichkeit und vor allem des historischen Publikums zu Beginn und sogar im Verlauf der einzelnen Verhöre.[5] Gerade diese Elemente aber, die sich gegen die Konvention eines Bühnentextes richten, lassen sich in einer realen Bühnenaufführung szenisch kaum verwirklichen. Die unlösbare Spannung von Realität und Fiktion im dokumentarischen Theater, die allenfalls durch ihre strukturelle Umsetzung zu bewältigen ist, zeigt sich auch in diesem Detail. Indem das »Verhör von Habana« sich so eng an die Vorlage hält wie kein vergleichbares Stück und die Integration erkennbar fiktiver Elemente nicht zuläßt, begründet es doch keine grundsätzlich neue Lösung, sondern lediglich eine extreme Form innerhalb verschiedener Lösungen der gleichen Problematik. Ermöglicht wird sie dadurch, daß die zehn Verhöre, die szenisch aufführbar sind, als Bestandteil des Buches »Das Verhör von Habana« und nicht als abgeschlossener und sich selbst erklärender Text anzusehen sind. Was mit der umfangreichen ›Einleitung‹ zum dokumentarischen Text hinzutritt, ist mehr als ein historischer Anhang, der zusätzliche Informationen und Begründungen liefert (wie zum Beispiel die ›Historischen Streiflichter‹ in Hochhuths »Stellvertreter«), nämlich eine ausgeführte politische und ideologiekritische Interpretation der – realen und rekonstruierten – Verhöre, die den behaupteten exemplarischen Charakter einsichtig herausarbeitet. Erst in der Verbindung von analytischem Diskurs und dramaturgisch bearbeitetem Konzentrat zeichnet sich das Modell deutlich ab. Der Umfang und das Gewicht der vorangestellten Interpretation stehen in unmittelbarer Wechselbeziehung zum geringen Grad der Stilisierung und Abstrahierung im dokumentarischen Text; die Einheit von Darstellung, Analyse und Kritik, die bei dokumentarischen Stücken sonst der Bühnentext zu verwirklichen sucht, ergibt sich hier erst in der Einheit des Buches. Diese aber ist insgesamt als nicht-ästhetisch zu bestimmen, da Erkenntnis in ihr wesentlich auf der

---

[5] So am Ende des sechsten Verhörs: »Beifall, Rufe aus dem Publikum«, »Unruhe im Saal« (S. 132), und im Verlauf des gesamten zehnten Verhörs.

primärsprachlichen Ebene eines logisch-wissenschaftlichen Diskurses vermittelt wird und nur partiell durch künstlerische Verfahren in einem sekundären modellierenden System, dem die natürliche Sprache nur Material ist.[6]

Bei der szenischen Uraufführung des »Verhörs von Habana« 1970 in Recklinghausen wurde versucht, den Modellcharakter des Textes durch Elemente äußerlicher Aktualisierung zu verdeutlichen. Die szenisch rekonstruierten Verhöre wurden unterbrochen durch Interviews mit Befragten aus der angesprochenen Gesellschaft der Zuschauer, die nach möglichst genauer Parallelität des gesellschaftlichen und ideologischen Standorts ausgewählt wurden.[7] Der Autor wirkte bei der Inszenierung mit und äußerte sich, obwohl sein Buchtext solche unmittelbaren Parallelisierungen ablehnt, zustimmend über das gewählte Verfahren der politischen Konfrontation.[8] Diese Durchbrechung des Dokuments bedeutet letztlich nichts anderes als die experimentelle Umsetzung von Teilen des interpretierenden Kommentars in die szenische Präsentation. Daß die Aktualisierung unmittelbar der Wirklichkeit abgewonnen wurde und damit wiederum eine ästhetische Vermittlung zwischen Dokument und Zuschauer ersetzte, stellt eine einmalige Möglichkeit dar, die als Lösung nicht übertragbar ist. Sie nimmt die partielle Trennung von Dokumentation und Interpretation zurück und bestätigt, daß dokumentarisches Theater immer die Rekonstruktion als die Faktizität überwinden muß, wenn es sich als selbständiges Medium der Erkenntnis legitimieren will.

---

[6] Vgl. Jurij M. Lotman, Die Struktur des künstlerischen Textes, S. 19–44. – Ohne eigentliche Begründung – weil nur in positiver Einschätzung des politischen Gehalts – setzen Vertreter der Forschung in der DDR den Kunstcharakter des Textes voraus. Vgl. Werner Mittenzwei, Revolution und Reform im westdeutschen Drama, S. 486–492; Ursula Reinhold, Literatur und Politik bei Enzensberger, Weimarer Beiträge 17 (1971), H. 5, S. 94–113; besonders S. 108.
[7] Beschreibungen der Uraufführung, die gleichzeitig im Fernsehen übertragen wurde, bieten vor allem Henning Rischbieter, Theater zwischen Sozial-Enquete, Agitation und Ideologiekritik, Theater heute 11 (1970), H. 7, S. 28–31; Reinhard Baumgart, Die Konterrevolution, ein Modell und ein Pfau, in: Über Hans Magnus Enzensberger, hg. von Joachim Schickel, Frankfurt am Main 1970 (= edition suhrkamp 403), S. 199–203.
[8] Vgl. dazu: Interview mit Hans Magnus Enzensberger, Weimarer Beiträge 17 (1971), H. 5, S. 73–93; besonders S. 91.

V. Ausblick

Die geschichtliche und ästhetische Potentialität des neueren dokumentarischen Theaters in einer vorläufigen Zusammenfassung zu beurteilen, setzt eine nochmalige Reflexion auf seine Historizität als die Begründung in den Entstehungsbedingungen der sechziger Jahre voraus. Im Begreifen der typischen Konstellation werden darüberhinaus epochale Voraussetzungen deutlich. Das gemeinsame Merkmal der verschiedenen Realisierungen, dokumentarisch belegte Ereignisse und Fakten der Zeitgeschichte zur Grundlage des Bühnentextes zu haben, verweist auf den gemeinsamen Ausgangspunkt: die Ablösung der ästhetisch autonomen Formen, insbesondere der Parabel, in Erkenntnis von deren faktischer gesellschaftlicher Neutralisierung. Diese Feststellung bedeutet kein Werturteil, das die in der Nachfolge Brechts fortgeführte Parabel als abstrahierendes Modell gesellschaftlicher Verhältnisse gegenüber dem dokumentarischen Theater herabsetzte; sie bezeichnet die reale Situation zu Beginn der sechziger Jahre, in der sich mit dem dokumentarischen Theater eine politische als ästhetische Opposition gegen die Stagnation der restaurierten Gesellschaft entwickelte.

Die Geschichte der Bundesrepublik Deutschland gestaltete sich als Nachkriegsgeschichte in den konkreten politischen Entscheidungen so, daß dem wirtschaftlichen Aufbau unbedingte Priorität vor dem Aufbau einer demokratischen Gesellschaftsordnung zugestanden wurde; die realisierte Gegenposition zum Faschismus beschränkte sich auf die Einrichtung einer demokratischen Staatsform, während die Demokratisierung der Gesellschaft – verstanden als lang andauernder Prozeß – ausblieb. Die Konzentration aller Kräfte auf die Steigerung und Sicherung des neuen Wohlstands in der Folge jener Entscheidungen der unmittelbaren Nachkriegszeit bedeutete notwendig eine einseitige Fixierung und damit Regression des gesellschaftlichen Bewußtseins.

Symptom dafür ist, daß die Bewältigung der faschistischen Vergangenheit in den moralisch-individuellen Bereich verlegt wurde und damit als Distanzierung von den Konsequenzen, nicht von den Grundlagen geschah.

Ähnlich wie das vom Ausland übernommene existentialistische Drama und absurde Theater, leistete das parabolische Zeitstück der fünfziger Jahre – ohne Rücksicht auf die Intention der Autoren oder die objektive Bedeutung der Werke – solcher Reduktion Vorschub und konnte mit seiner strukturellen Abstraktion im politischen Unbewußtsein der Gesellschaft unpolitisch aufgenommen werden. Die fiktive Konstruktion einer modellhaften Situation, die im Parabeltheater Brechts als Konstituens kritischer Verfremdung noch den fortgeschrittenen Stand der ästhetischen Produktion bezeichnet, gerät mit dem Umschlag in die Affirmation vom gesellschaftlich Allgemeinen zum schlechten Allgemeinen des individuell beliebig Deutbaren. »So sehr die Parabelform das Private zugunsten des Allgemeinen aufgibt, so sehr ist sie auch in der Gefahr einer größeren Unverbindlichkeit.«[1] Die tendenzielle Unverbindlichkeit kam einer Gesellschaft entgegen, welche die wahren Grundlagen und das wahre Ausmaß ihrer Vergangenheit notwendig verdrängen mußte, wenn sie ihre eigenen Voraussetzungen nicht in Frage stellen wollte; politische Reflexion wurde in der Anspannung der ersten Aufbauphase ausgespart und später zunehmend unterdrückt – die neu erlebte Freiheit wäre sonst als wesentlich materielle und damit immer gefährdete erkannt worden. In der Folge geschah auch die Rezeption kritischer Kunst so, daß das bestehende System unberührt blieb. »In einer Gesellschaft, die so große Erfolge darin gehabt hat, das Vergangene zu vergessen oder wegzudrücken, überlegt sich natürlich ein Autor, wie er sein allzu mobiles Publikum zwingt, sich wieder zu stellen und zu hören. Er überlegt sich, wie er Belege beibringt, die eines auf keinen Fall mehr zulassen: Ausflüchte vor dem Stoff, Belege, die die Ausreden im Keim ersticken, das Gezeigte sei erdichtet, unwirklich, Poesie. *Das dokumentarische Theater ist eine Erfindung dieser Situation. Kein Ausweichen mehr! Was du siehst, ist belegt.* ⟨...⟩ So wurde aus der Not der Situation, eine Gesellschaft durch ihre eigenen Taten zu stellen, das Dokumentarstück

---

[1] Hellmuth Karasek, Die wahren Beweggründe, Akzente 13 (1966), S. 208 –211; Zitat S. 210.

zum neuen – oder doch zu einem sehr wesentlichen Teil des neuen deutschen Dramas.«[2]

Damit ist umschrieben, wie ästhetische Innovation aus der festgestellten gesellschaftlichen Entwicklung hervorgeht. Mit der Abweichung von der literarischen Tradition reagiert das dokumentarische Theater auf die verdeckten Widersprüche der Gesellschaft und nimmt, wie die Erfahrung belegt, reale politische Entwicklungen zum Teil im ästhetischen Bereich vorweg. Die Politisierung der Kunst und die Politisierung der Gesellschaft gehen im Verlauf der sechziger Jahre zusammen, ohne daß ihre Höhepunkte jeweils zusammenfielen, und bezeichnen auf ihre Weise das Ende der Nachkriegsperiode.

Daß die faschistische Vergangenheit als Material des dokumentarischen Theaters anfangs im Vordergrund stand, war geschichtlich folgerichtig, da ihre Verdrängung im gesellschaftlichen Bewußtsein aus der ungelösten Problematik resultierte und ihre Aufdeckung und wahre Darstellung zur schärfsten Kritik der restaurativen Stabilisierung führen mußte. Ebenso folgerichtig war danach, in der offenen Politisierung der Gesellschaft, die in den Studentenunruhen ihre auffälligste Form fand und in den westlichen Ländern Parallelen hatte, die agitierende Aufnahme gegenwärtiger Kriege und Krisen als Ausdruck der weltweiten Polarisierung, und schließlich, nach dem Abklingen dieses ersten Höhepunktes und einer neuen Stabilisierung nicht mehr der Restauration, sondern der Reform, die reflektierte Diskussion paradigmatischer zeitgeschichtlicher Situationen mit deutlichen Elementen der Selbstkritik. Die dokumentarischen Werke von Peter Weiss sind in ihrer Abfolge Beispiele dieser Entwicklung, die auch durch die anderen Werke des Zeitraums bestätigt wird – bis hin zur Ablösung des dokumentarischen Theaters mit dem Beginn der siebziger Jahre. Gesellschaftliche Entwicklungen, nicht immanent ästhetische – als Zurücknahme eines mißglückten Experiments – sind auch hier als Bedingung zu erkennen.[3]

---

[2] Günther Rühle, Das dokumentarische Drama und die deutsche Gesellschaft, in: Deutsche Akademie für Sprache und Dichtung. Jahrbuch 1966, Heidelberg/Darmstadt 1967, S. 39–73; Zitat S. 51.

[3] Von der »rasch versickerten Welle« des dokumentarischen Theaters in den sechziger Jahren spricht, wie viele andere, Siegfried Melchinger und möchte die Entwicklung damit als ästhetischen Irrtum kennzeichnen (Siegfried Melchinger, Geschichte des politischen Theaters, Velber 1971, S. 398).

Ist damit die gesellschaftliche Begründung und Wirkungsintention des dokumentarischen Theaters am Beispiel der Bundesrepublik angedeutet, soll dies nicht seine positive Einordnung als geschlossene Gruppe zum Ergebnis haben – Ziel dieser Untersuchung war ästhetische Differenzierung, da die Potentialität dokumentarisch bestimmten Theaters im geschichtlich-gesellschaftlichen Prozeß nahezu gegensätzliche Realisierungen umfaßt.

Das verbindende Merkmal der dokumentarischen Grundlage (auch in anderen Formen) bedeutet wesentlich – über verschiedene Grade der Relativierung – Aufhebung der ästhetischen Autonomie. Mit der bürgerlichen Klasse entstanden und, wenn auch von Anfang an ambivalent, ästhetisches Signum des von ihr bewirkten geschichtlichen Fortschritts, ist die Autonomie des Kunstwerks mit der Krise der bürgerlichen Gesellschaft unumgänglich mit in die Krise geraten.[4] Wo sich Autonomie gegenüber der negativen Entwicklung der Gesellschaft nur noch als radikale Negation verwirklichen kann, wird sie – als isolierte – doch von der Gesellschaft eingeholt: »Neutralisierung ist der gesellschaftliche Preis der ästhetischen Autonomie.«[5] Diese Ambivalenz aufzuheben, tritt in der Moderne zunehmend wieder Kunst hervor, die sich »kunstexternen Verwendungszusammenhängen«[6] intentional nicht entzieht und sich damit gegen ihren herkömmlichen Begriff in der bürgerlichen Gesellschaft richtet. In dieser Dialektik steht auch das dokumentarische Theater, das die im autonomen Subjekt begründete ästhetische Autonomie aufgibt, um Bedeutung auch in einer Gesellschaft nicht mehr autonomer Subjekte zu verwirklichen. Politische und ästhetische Opposition sind in eins gesetzt. Diese gesellschaftliche Bedeutung wird indessen durch eben die neue gesellschaftliche Bindung gefährdet – wiederum entsteht eine Ambivalenz von Negation und Affirmation: »Der Surrealismus bezeugt dann den geschichtlichen Augenblick, da die moderne Kunst programmatisch die Hülle des nicht mehr schönen Scheins zerstört, um entsublimiert ins Leben überzutreten. Die Ein-

---

[4] Vgl. dazu Michael Müller u. a., Autonomie der Kunst. Zur Genese und Kritik einer bürgerlichen Kategorie, Frankfurt am Main 1972 (= edition suhrkamp 592).
[5] Theodor W. Adorno, Ästhetische Theorie, S. 339.
[6] Jürgen Habermas, Legitimationsprobleme im Spätkapitalismus, Frankfurt am Main 1973 (= edition suhrkamp 623), S. 118.

ebnung der Realitätsstufen zwischen Kunst und Leben wird durch die neuen Techniken der Massenproduktion und Massenrezeption zwar nicht, wie Benjamin annahm, erst herbeigeführt, aber immerhin beschleunigt. Schon die moderne Kunst hatte die Aura der klassischen bürgerlichen abgestreift, indem das Werk den Produktionsvorgang transparent machte und sich als ein Hergestelltes präsentierte; aber ins Ensemble der Gebrauchswerte dringt Kunst erst im Stadium der Preisgabe ihres autonomen Status ein. Dieser Vorgang ist ambivalent. Er kann ebensowohl die Degeneration der Kunst zu propagandistischer Massenkunst oder kommerzialisierter Massenkultur wie andererseits auch die Umsetzung in eine subversive Gegenkultur bedeuten.«[7]

Mit den Avantgarde-Bewegungen der modernen Kunst teilt das dokumentarische Theater, bei allen Unterschieden der jeweiligen gesellschaftlichen Intention, ein ästhetisches Formprinzip als Verfremdung der herkömmlichen Autonomie-Vorstellungen: die Collage von Wirklichkeitspartikeln.[8] Noch im ästhetischen Verfahren ist die Dialektik des Engagements angelegt – indem die Kunst sich derart mit der Wirklichkeit verbindet, droht ihr der Umschlag in die (unbewußte) Anpassung und damit die Selbstaufhebung als Aufhebung ihrer kritischen Funktion. Das dokumentarische Theater kann sich vor einem solchen Umschlag nicht durch inhaltliche Behauptung der Kritik bewahren: seine Struktur, die durch den engagiert-konkreten Situationsbezug bestimmt ist, muß zugleich die ästhetisch formulierte Differenz zu eben dieser Situation aufrechterhalten. Verliert sich das dokumentarische Theater an seine unabweisbare immanente Tendenz, Ober-

---

[7] Jürgen Habermas, Legitimationsprobleme im Spätkapitalismus, S. 120.
[8] Vgl. zu diesen Parallelen in der Entwicklung des 20. Jahrhunderts Jost Hermand, Wirklichkeit als Kunst. Pop, Dokumentation und Reportage, Basis 2 (1971), S. 33–52. – An die biographische Verbindung bei Piscator erinnert Günther Rühle: »Piscator kam aus der Anti-Kunstbewegung von DADA, aus der aggressiven, unübersetzten Wirklichkeits-Objektwelt eines Duchamp und John Hartfield. Seine Bühne wollte die Collage des Alltagsmaterials, die bewegte Collage. Er zitierte aus der Wirklichkeit.« (Günther Rühle, Das dokumentarische Drama und die deutsche Gesellschaft, S. 54) – Das Problem der Avantgarde als Selbstkritik der Kunst in der bürgerlichen Gesellschaft ist jetzt zusammenfassend dargestellt bei Peter Bürger, Theorie der Avantgarde, Frankfurt am Main 1974 (= edition suhrkamp 727).

flächenwirklichkeit abzubilden, reproduziert und bestätigt es nichts als die Verfestigung und Verdinglichung der bestehenden Verhältnisse, statt in der Gegenposition als seiner Struktur auf die verborgenen Hintergründe und auf die mögliche Veränderung in einem umfassenden Entwicklungsprozeß hinzuweisen. Die Problematik gerade unter den gegenwärtigen Bedingungen pointiert Bertolt Brecht in seiner oft als Widerlegung des dokumentarischen Theaters zitierten Äußerung, die im Zusammenhang einer Verfilmung der »Dreigroschenoper« steht: »Die Lage wird dadurch so kompliziert, daß weniger denn je eine einfache ›Wiedergabe der Realität‹ etwas über die Realität aussagt. Eine Photographie der Kruppwerke oder der AEG ergibt beinahe nichts über diese Institute. Die eigentliche Realität ist in die Funktionale gerutscht. Die Verdinglichung der menschlichen Beziehungen, also etwa die Fabrik, gibt die letzteren nicht mehr heraus. Es ist also tatsächlich ›etwas aufzubauen‹, etwas ›Künstliches‹, ›Gestelltes‹. Es ist also ebenso tatsächlich Kunst nötig.«[9]

Wenn das dokumentarische Theater auf ›Kunst‹ im Sinne Brechts verzichtet, wenn es in der Reproduktion verharrt, wäre sein Verfahren – ohne es hier mit einem wissenschaftlichen Verfahren gleichsetzen zu wollen – theoretisch als positivistisch und historistisch, ästhetisch als naturalistisch zu bezeichnen.[10] Illusionstheater als Form ästhetisch unbedeutender dokumentarischer Produktionen (es ist die überwiegende Form der hier nicht behandelten dokumentarischen Fernsehspiele) entspricht im Ergebnis, unabhängig von der Intention des Autors, einem Objektivismus, der die Wirklichkeit der Fakten in ihren geschichtlich-gesellschaftlichen Zusammenhängen nicht eigentlich zu erkennen und kritisch zu korrigieren in der Lage ist.

Der Verdacht des undialektischen Objektivismus bildet auch den Tenor in den wenigen literaturkritischen Beiträgen der DDR zum Thema des dokumentarischen Theaters, ohne daß entscheidende ästhe-

---

[9] Bertolt Brecht, Gesammelte Werke 18, S. 161f.
[10] Eine scharfe Kritik des positivistischen Dokumentarismus als der – subjektive Vermittlungen unterdrückenden – Faktengläubigkeit liefert am Beispiel des sozialkritischen Interview-Dokumentarismus G. Katrin Pallowski, Die dokumentarische Mode, in: Literaturwissenschaft und Sozialwissenschaften 1. Grundlagen und Modellanalysen, 2. Aufl. Stuttgart 1972, S. 235–314.

tische Differenzierungen anerkannt würden.[11] Positive Äußerungen sind vorwiegend inhaltlich bestimmt, während die dokumentarische Form als Indiz ideologischer Unsicherheit gedeutet und ihr kritische gesellschaftliche Funktion nur für den kapitalistischen Westen zugestanden wird. »Für die marxistische Literaturwissenschaft kann es nicht angehen, diese Werke allein nach dem Grad der künstlerischen Bewältigung des Stoffes zu beurteilen. Von zumindest gleichwertiger Bedeutung ist die Tatsache, daß sich bundesdeutsche Künstler nunmehr in verstärktem Maße wieder den Fragen der gesellschaftlichen Realität stellen und diese – ausgehend von humanistischen oder auch sozialistischen Positionen – zu beeinflussen suchen. Viele dieser Werke sind daher auch Versuche der Selbstverständigung, Stationen eines Weges, der für sie die Chance bietet, sich zur Einsicht in den Wirkungsmechanismus der kapitalistischen Gesellschaft hinzuarbeiten. Die marxistische Ästhetik hat diesem Umstand Rechnung zu tragen, ohne dabei eigene Positionen zu räumen. Die vor fast vierzig Jahren mit Georg Lukács geführten Diskussionen enthalten dazu grundsätzliche Auffassungen.«[12] Der letzte Hinweis erinnert, in der Entwicklung des Sozialistischen Realismus zur normativen ästhetischen Doktrin, an die Kontinuität von Lukács' Kritik am Reportageroman der Neuen Sachlichkeit[13] bis

---

[11] Vgl. als Beispiele für die zurückhaltende Aufnahme mit einer Tendenz zur positiveren Einschätzung – das erste Dokumentarstück nach westlichem Vorbild erschien in der DDR 1967 (Rolf Schneider, Prozeß in Nürnberg, Theater der Zeit 22 [1967], H. 24, S. 39–61) – André Müller, Mode oder Methode? Bemerkungen zum dokumentarischen Theater, Theater der Zeit 21 (1966), H. 13, S. 27–29; Ulrich Engelmann, ›Prozeß in Nürnberg‹ von Rolf Schneider. Stoff, Genre, Stück, Theater der Zeit 22 (1967), H. 24, S. 27f.; Bernhard Reich, Bemerkungen zum Dokumentartheater, Theater der Zeit 23 (1968), H. 24, S. 12–14.

[12] Gerd Dardas, Bürgerlich-humanistische und sozialistische dokumentarische Dramatik und Prosa der Bundesrepublik in den sechziger Jahren, Wissenschaftliche Zeitschrift der Humboldt-Universität zu Berlin. Gesellschafts- und Sprachwissenschaftliche Reihe 21 (1972), H. 2, S. 143–156; Zitat S. 147f.

[13] Gemeint sind die beiden 1932 in der »Linkskurve« erschienenen Beiträge: Georg Lukács, Reportage oder Gestaltung? Kritische Bemerkungen anläßlich eines Romans von Ottwalt; Aus der Not eine Tugend, in: G. L., Schriften zur Literatursoziologie, hg. von Peter Ludz, Neuwied 1961 (= Soziologische Texte 9), S. 122–142; S. 143–156. – Vgl. zur Interpretation der Diskussion im geschichtlichen Kontext Helga Gallas, Marxistische

zu heute noch vertretenen Positionen: Gestaltung der Totalität, dialektische Erkenntnis des Gesamtprozesses stehen gegen die Isolation des Ausschnitts, die Konzentration auf die Faktizität der Erscheinungen; die dokumentarische Methode erscheint als Formexperiment der kleinbürgerlichen Opposition, das gerade aus dem Fetischismus der Fakten hervorgeht. Diese Unterscheidungen treffen noch Schwächen des neueren dokumentarischen Theaters – die Interpretation der ästhetischen Tendenzen belegt dies deutlich –, sie erfassen aber nicht die Vielfalt der heutigen Formen, die geschichtlich die Dialektik von Brechts epischem Theater voraussetzen.

Dialektik gegen den affirmativen Schein des Objektivismus in das dokumentarische Theater einzubringen, heißt, auch die Dialektik der Erkenntnis ästhetisch bewußt zu machen – denn das geschichtliche Verstehen begründet seine Objektivität in der Einheit von Erkenntnis und Interesse.[14] Seine geschichtliche Wahrheit erreicht das dokumentarische Theater dann, wenn es seine Voraussetzungen – Parteilichkeit als praktisches, auf politische Veränderung gerichtetes Erkenntnisinteresse – in die Selbstreflexion als seine ästhetische Struktur aufnimmt. Dies bedeutet, auf Wirklichkeitsillusion zu verzichten und dafür die subjektive Vermittlung offenzulegen, so daß die gegenwärtige Wirklichkeit des Zuschauers und das Dokument des Vergangenen im Werk in einer einzigen dialektischen Beziehung verbunden sind. Ohne Einschränkung gilt auch hier, was Götz Dahlmüller zur Problematik des dokumentarischen Films ausführt: »Dem Publikum müßte einsichtig gemacht werden, daß es einen Film sieht und keine reduplizierte Wirklichkeit, daß dieser Film in einem bestimmten Verhältnis zur Wirklichkeit steht,

---

Literaturtheorie. Kontroversen im Bund proletarisch-revolutionärer Schriftsteller, Neuwied und Berlin 1971 (= Sammlung Luchterhand 19); besonders S. 124–135.

[14] Vgl. dazu Jürgen Habermas, Erkenntnis und Interesse, in: J. H., Technik und Wissenschaft als ›Ideologie‹, 5. Aufl. Frankfurt am Main 1971 (= edition suhrkamp 287), S. 146–168. – Wieder soll mit der Anwendung dieser Kategorien das dokumentarische Theater nicht als Medium wissenschaftlicher Theorie gekennzeichnet sein, doch umschließt es mit seinem Verfahren ein historisch-hermeneutisches Verstehen von geschichtlicher Überlieferung, das nur nicht begrifflich, sondern ästhetisch zum Ausdruck kommt. Die Analogien der Beschreibung nach wissenschaftstheoretischer Reflexion sind damit nicht äußerlich.

bestimmte Interessen verfolgt usw. *Nur, wenn man den mit der Aura der Authentizität verbundenen Fetischcharakter der Wirklichkeit zerstört, kann man Wirklichkeit selber ins Spiel bringen.*«[15] Die ästhetische Möglichkeit dieser Dialektik – zu dieser Bestimmung führen theoretische Reflexion und die Interpretation der realisierten Formen – liegt für das dokumentarische Theater in einer zitierenden Grundstruktur, die das Prinzip der Montage zur Voraussetzung der bewußten Konstruktion unter Kennzeichnung der Perspektive funktionalisiert. In der dialektischen Öffnung des ästhetischen Prozesses im gesellschaftlichen entfalten einzig auch die Fakten und Dokumente ihren Realitätsgehalt im gegenwärtigen Bezug und geht die Intention in die Struktur ein.

Unter Verwendung des Begriffsinstrumentariums von Jürgen Habermas schreibt Klaus Bohnen: »Verbindlichkeit im Umgang mit Geschichte fordert Konkretion, und Konkretion heißt, den Beurteilungsmaßstab freizulegen, der in Vergangenheit und Gegenwart sich abspielende Ereignisse zu geschichtlichen Vorgängen macht. Diese Fragestellung ist ⟨...⟩ ein Leitprinzip der Dramatiker des Dokumentartheaters.«[16] Wie politisches Handeln ist auch das Erkennen von Geschehnissen als politischen Ereignissen von einem auf Praxis gerichteten Interesse abhängig. Die Formulierung dieses Zusammenhangs macht die Erkenntnisleistung des dokumentarischen Theaters aus. Im Verlauf seiner Argumentation sieht Bohnen dann das emanzipatorische Erkenntnisinteresse im dramatischen Produkt einzig als Agitationsstruktur realisiert – dies bedeutet eine zu enge Festlegung, auch wenn Agitationsstruktur nicht nur den unmittelbaren politischen Appell meint: »Das Prinzip des Dokumentartheaters ist die Agitation als ästhetische Integration. Sie gibt das Gesetz an, nach dem die Wirklichkeit im Sprachvorgang auf eine bestimmende Intention hin gegliedert wird. Vollzieht sich diese Strukturierung im Symbolisierungsverfahren nach innerästhetischen Kriterien, denen eine Wahrheitsaussage zugemutet wird, durchbricht das Präsentationsverfahren diesen ästhetischen

---

[15] Götz Dahlmüller, Nachruf auf den dokumentarischen Film. Zur Dialektik von Realität und Fiktion, in: Dokumentarliteratur, hg. von Heinz Ludwig Arnold und Stephan Reinhardt, München 1973 (= Edition Text + Kritik), S. 67–78; Zitat S. 76.
[16] Klaus Bohnen, Agitation als ästhetische Integration, S. 63.

Kreis durch das befremdliche und ernüchternde Hinweisen auf die außerästhetische Lebenswirklichkeit, wobei es dies Verfremden als ästhetisch genußvolle Vermittlungsform kultiviert, so löst sich das Agitationsverfahren seiner Intention nach aus dem Zwang ästhetisch eigenwertiger Darbietungsformen. Strukturmerkmale werden nicht mehr der ästhetischen Vermittlungsproblematik entnommen, sondern der Wirklichkeitsproblematik, so daß die Realisierungsabsicht eines politischen oder moralischen Postulats die Vermittlungsbedingungen zu bloßen Funktionsinstrumenten degradiert.«[17] Diese unterscheidende Konstruktion erfaßt richtig die Tendenz der geschichtlichen Entwicklung als zunehmende Einschränkung der Autonomie. Gegen die Bestimmung der Agitationsstruktur ist allerdings mit Entschiedenheit festzuhalten, daß in der Vermittlungsproblematik ästhetische und Wirklichkeitsproblematik immer eins sind. Eine Reduzierung der Struktur auf die äußere Situationsbedingtheit verkennt deren Eigenwert, der sich, wird er nicht geschichtlich und ästhetisch reflektiert, auch gegen die Intention der kritischen Wirkung richten kann.

Die Einschränkung der Autonomie bewahrt das dokumentarische Theater vor jener Neutralisierung, der die autonomen Werke ausgesetzt sind; mit der Integration des Faktischen als bedeutungskonstitutiven Elements droht nunmehr der Umschlag in die vom Material diktierte Aufhebung jeder kritischen Distanz als Negation. Die Behauptung des Ästhetischen in der Verfremdung markiert dagegen als Dialektik der Vermittlung auch die Dialektik der Geschichte. Die primär in der Situationsbezogenheit begründete ästhetische Strukturierung ermöglicht zudem – nicht intentional – ein Überschreiten der Historizität als der einmaligen Entstehungs- und Wirkungsbedingungen. Wesentlich begrenzt wird indessen die geschichtliche Veränderung des dokumentarischen Werkes durch die Funktionalisierung der Fakten zum konkreten Hinweis in der Historizität. Die Eigenwertigkeit der Fakten in der nicht mehr autonomen Struktur bezeichnet auch den Unterschied zum klassischen historischen Drama, in dem die Fakten prinzipiell austauschbar bleiben, ohne den geschichtlichen Gehalt des Werkes zu gefährden. Vom dokumentarischen Theater als historischem Drama der Gegenwart ist daher nur in dem Sinne zu sprechen, daß es

---

[17] Klaus Bohnen, Agitation als ästhetische Integration, S. 72f.

als Ablösung des klassischen Geschichtsdramas verstanden wird, nachdem die geschichtliche Realität nicht länger mehr symbolisierend erfaßt werden kann.[18]

Zielt das dokumentarische Theater in besonderer Weise auf seine Selbstaufhebung in dem Gesamtprozeß, dem es als politische Diskussion angehört, bleibt es als Modellierung der Diskussion reaktivierbar in geschichtlichen Konstellationen ähnlicher Problematik, die noch im bezeichneten Kontext der Fakten stehen. Die Möglichkeit der Geschichte umfaßt die Aktualisierung der vorhandenen wie die Neuentwicklung anderer Werke, die Potentialität der Form ist noch nicht erschöpft. Schon die erste Durchführung des dokumentarischen Theaters bei Piscator reagierte auf die brüchige Autonomie bürgerlicher Kunst und die Versuche, die Zeitereignisse in subjektiver Individuation zu fassen. Auch damals verbreitete sich die dokumentarische Tendenz in der gesamten Literatur und Kunst der Epoche. Die Parallelen zur geschichtlichen Begründung des dokumentarischen Theaters in der Bundesrepublik sind deutlich, doch zeigt sich hier – in Kenntnis der literarischen Tradition Brechts und in den veränderten soziologischen Bedingungen – ein höherer Grad der ästhetischen Modellierung und, damit verbunden, weniger unmittelbare Agitation.[19] Als dokumentarisches aber bleibt das Theater von dem betroffen, was Adorno zur ästhetischen Sachlichkeit ausführt: »Die Krisis der Sachlichkeit ist kein Signal, diese durch ein Menschliches zu ersetzen, das sogleich in Zu-

---

[18] Vgl. dazu Bernd W. Seiler, Exaktheit als ästhetische Kategorie. Zur Rezeption des historischen Dramas der Gegenwart, Poetica 5 (1972), S. 388–433. – Seiler hält inkonsequent an der Einordnung des dokumentarischen Theaters unter das historische Drama fest, obwohl er von der Rezeption her den Funktionswandel des Stofflichen erkennt, der sich im Exaktheitsanspruch ausdrückt. Vom Wandel des Geschichtsverständnisses geht dagegen Ulrike Paul aus, die die Ablösung der Form – mit dem Wendepunkt bei Büchner – schon in der Begrifflichkeit bezeichnet: Ulrike Paul, Vom Geschichtsdrama zur politischen Diskussion. Über die Desintegration von Individuum und Geschichte bei Georg Büchner und Peter Weiss, München 1974.

[19] Eine ungeschichtliche Parallelisierung zwischen Piscator und dem neueren dokumentarischen Theater als literarischer Fortführung nach nur äußerlicher Unterbrechung vollzieht, von der Titelgebung an, Jack D. Zipes, Documentary Drama in Germany: Mending the Circuit, The Germanic Review 42 (1967), S. 49–62. – Eine ästhetische Abgrenzung versucht dagegen Erika Salloch, Peter Weiss' ›Die Ermittlung‹, S. 1–41.

spruch degenerierte, Korrelat der real ansteigenden Unmenschlichkeit. Bis zum bitteren Ende gedacht, wendet jedoch Sachlichkeit sich zum barbarisch Vorkünstlerischen. ⟨...⟩ Die Antinomien der Sachlichkeit bezeugen jenes Stück Dialektik der Aufklärung, in dem Fortschritt und Regression ineinander sind. Das Barbarische ist das Buchstäbliche. Gänzlich versachlicht wird das Kunstwerk, kraft seiner puren Gesetzmäßigkeit, zum bloßen Faktum und damit als Kunst abgeschafft. Die Alternative, die in der Krisis sich öffnet, ist die, entweder aus der Kunst herauszufallen oder deren eigenen Begriff zu verändern.«[20] Vor dieser Alternative kann das dokumentarische Theater nur bestehen, wenn es an der Kunst – in ihrem veränderten Begriff – festhält: seine Wahrheit hat es als Krise der Kunst in der Krise der Gesellschaft.

---

[20] Theodor W. Adorno, Ästhetische Theorie, S. 97.

Literaturverzeichnis

I. Literarische und theoretische Texte

Bertolt Brecht, Gesammelte Werke, Frankfurt am Main 1967 (= werkausgabe edition suhrkamp).

Tankred Dorst, Toller, Frankfurt am Main 1969 (= edition suhrkamp 294).

Tankred Dorst/Peter Zadek/Hartmut Gehrke, Rotmord oder I was a German, München 1969 (= sonderreihe dtv 72).

Tankred Dorst, Arbeit an einem Stück, in: Spectaculum XI. Sechs moderne Theaterstücke. Adrien – Babel – Bond – Dorst – Müller – Witkiewicz, Frankfurt am Main 1968, S. 328–333.

Tankred Dorst, Wie ein Theaterstück in einen Fernsehfilm verwandelt wurde, Theater heute 9 (1968), H. 9, S. 21.

Hans Magnus Enzensberger, Das Verhör von Habana, Frankfurt am Main 1972 (= edition suhrkamp 553).

Hans Magnus Enzensberger, Peter Weiss und andere, Kursbuch 6 (Juli 1966), S. 171–176.

Hans Magnus Enzensberger, Gemeinplätze, die Neueste Literatur betreffend, Kursbuch 15 (November 1968), S. 187–197.

Interview mit Hans Magnus Enzensberger, Weimarer Beiträge 17 (1971), H. 5, S. 73–93.

Hans Magnus Enzensberger, Palaver. Politische Überlegungen (1967–1973), Frankfurt am Main 1974 (= edition suhrkamp 696).

Dieter Forte, Martin Luther & Thomas Münzer oder Die Einführung der Buchhaltung, Berlin 1971 (= Quarthefte 48).

Max Frisch, Stücke 2, Frankfurt am Main 1973 (= suhrkamp taschenbuch 81).

Peter Handke, Der Ritt über den Bodensee, Frankfurt am Main 1971 (= edition suhrkamp 509).

Peter Handke, Ich bin ein Bewohner des Elfenbeinturms, Frankfurt am Main 1972 (= suhrkamp taschenbuch 56).

Rolf Hochhuth, Der Stellvertreter. Schauspiel, Reinbek bei Hamburg 1963 (= Rowohlt Paperback 20).

Rolf Hochhuth, Der Stellvertreter. Ein christliches Trauerspiel. Mit Essays von Karl Jaspers, Walter Muschg, Erwin Piscator, Reinbek bei Hamburg 1967 (= rororo 997).

Rolf Hochhuth, Soldaten. Nekrolog auf Genf. Tragödie, Reinbek bei Hamburg 1967 (= Rowohlt Paperback 59).

Rolf Hochhuth, Guerillas. Tragödie in 5 Akten, Reinbek bei Hamburg 1970.

Rolf Hochhuth, Dramen. Der Stellvertreter. Soldaten. Guerillas, Stuttgart ⟨o. J.⟩ (= Lizenzausgabe für die Mitglieder des Deutschen Bücherbundes).

Rolf Hochhuth, Die Hebamme. Komödie – Erzählungen/Gedichte/Essays, Reinbek bei Hamburg 1971.

Rolf Hochhuth, Lysistrate und die NATO. Komödie, Reinbek bei Hamburg 1973 (= das neue buch 46).

Rolf Hochhuth, ›Die Rettung des Menschen‹, in: Festschrift zum achtzigsten Geburtstag von Georg Lukács, hg. von Frank Benseler, Neuwied und Berlin 1965, S. 484–490.

Rolf Hochhuth, Krieg und Klassenkrieg. Studien, Reinbek bei Hamburg 1971 (= rororo 1455).

Heinar Kipphardt, Der Hund des Generals, Frankfurt am Main 1963 (= edition suhrkamp 14).

Heinar Kipphardt, In der Sache J. Robert Oppenheimer, Frankfurt am Main 1964 (= edition suhrkamp 64); 10. Aufl. 1971.

Heinar Kipphardt, Joel Brand. Die Geschichte eines Geschäfts, Frankfurt am Main 1965 (= edition suhrkamp 139).

Heinar Kipphardt, Stücke II, Frankfurt am Main 1974 (= edition suhrkamp 677).

Rolf Schneider, Prozeß in Nürnberg, Theater der Zeit 22 (1967), H. 24, S. 39–61.

Erwin Sylvanus, Korczak und die Kinder. Jan Palach. Sanssouci. Drei Stücke, Frankfurt am Main 1973.

Martin Walser, Gesammelte Stücke, Frankfurt am Main 1971 (= suhrkamp taschenbuch 6).

Martin Walser, Erfahrungen und Leseerfahrungen, Frankfurt am Main 1965 (= edition suhrkamp 109).

Martin Walser, Heimatkunde. Aufsätze und Reden, Frankfurt am Main 1968 (= edition suhrkamp 269).

Peter Weiss, Dramen 2, Frankfurt am Main 1968.

Peter Weiss, Trotzki im Exil. Stück in 2 Akten, Frankfurt am Main 1970 (= Bibliothek Suhrkamp 255).

Peter Weiss, Frankfurter Auszüge, Kursbuch 1 (Juni 1965), S. 152–188.

Engagement im Historischen. Ernst Schumacher unterhielt sich mit Peter Weiss, Theater der Zeit 20 (1965), H. 16, S. 4–7.

Peter Weiss, Ermittlung geht weiter..., Neue deutsche Literatur 14 (1966), H. 6, S. 157–159.

Peter Weiss, Enzensbergers Illusionen, Kursbuch 6 (Juli 1966), S. 165–170.

Peter Weiss, ⟨Diskussionsbeiträge⟩, in: Brecht-Dialog 1968. Politik auf dem Theater, ⟨hg. von Werner Hecht⟩, Berlin 1968.

Peter Weiss, Rapporte 2, Frankfurt am Main 1971 (= edition suhrkamp 444).

II. Sonstige zitierte Literatur

Theodor W. Adorno, Noten zur Literatur I, Frankfurt am Main 1958 (= Bibliothek Suhrkamp 47).

Theodor W. Adorno, Noten zur Literatur II, Frankfurt am Main 1961 (= Bibliothek Suhrkamp 71).

Theodor W. Adorno, Eingriffe. Neun kritische Modelle, Frankfurt am Main 1963 (= edition suhrkamp 10).

Theodor W. Adorno, Noten zur Literatur III, Frankfurt am Main 1965 (= Bibliothek Suhrkamp 146).

Theodor W. Adorno, Ohne Leitbild. Parva Aesthetica, Frankfurt am Main 1967 (= edition suhrkamp 201).

Theodor W. Adorno, Minima Moralia. Reflexionen aus dem beschädigten Leben, Frankfurt am Main 1969 (= Bibliothek Suhrkamp 236).

Theodor W. Adorno, Ästhetische Theorie, hg. von Gretel Adorno und Rolf Tiedemann, Frankfurt am Main 1970 (= Gesammelte Schriften 7).

Theodor W. Adorno, Noten zur Literatur IV, Frankfurt am Main 1974 (= Bibliothek Suhrkamp 395).

Sigrid Ammer, Das deutschsprachige Zeitstück der Gegenwart unter besonderer Berücksichtigung der Nachkriegsdramatik, Diss. Köln 1966.

Hans Christoph Angermeyer, Zuschauer im Drama. Brecht – Dürrenmatt – Handke, Frankfurt am Main 1971 (= Literatur und Reflexion 5).

Anmerkungen der Redaktion ⟨zu den »Frankfurter Auszügen«⟩, Kursbuch 1 (Juni 1965), S. 202.

Claus-Henning Bachmann, Theater als Gegenbild, Literatur und Kritik (1969), S. 530–551.

Reinhard Baumgart, Aussichten des Romans oder Hat Literatur Zukunft? Frankfurter Vorlesungen, München 1970 (= sonderreihe dtv 89).

Reinhard Baumgart, Literatur für Zeitgenossen. Essays, Frankfurt am Main 1970 (= edition suhrkamp 186).

Reinhard Baumgart, Die Konterrevolution, ein Modell und ein Pfau, in: Über Hans Magnus Enzensberger, hg. von Joachim Schickel, Frankfurt am Main 1970 (= edition suhrkamp 403), S. 199–203.

Reinhard Baumgart, In die Moral entwischt? Der Weg des politischen Stückeschreibers Peter Weiss, in: Peter Weiss, hg. von Heinz Ludwig Arnold, München 1973 (= Text + Kritik 37), S. 8–18.

Reinhard Baumgart, Die verdrängte Phantasie. 20 Essays über Kunst und Gesellschaft, Darmstadt und Neuwied 1973 (= Sammlung Luchterhand 129).

Walter Benjamin, Angelus Novus. Ausgewählte Schriften 2, Frankfurt am Main 1966.

Walter Benjamin, Versuche über Brecht, hg. von Rolf Tiedemann, Frankfurt am Main 1966 (= edition suhrkamp 172).

Walter Benjamin, Illuminationen. Ausgewählte Schriften, Frankfurt am Main 1969.

Jan Berg, Geschichts- und Wissenschaftsbegriff bei Rolf Hochhuth, in: Dokumentarliteratur, hg. von Heinz Ludwig Arnold und Stephan Reinhardt, München 1973 (= Edition Text + Kritik), S. 59–66.

Klaus L. Berghahn, Eine konservative Revolution als ›american dream‹?, Basis 2 (1971), S. 305–313.

Otto F. Best, Peter Weiss. Vom existentialistischen Drama zum marxistischen Welttheater. Eine kritische Bilanz, Bern und München 1971.

Klaus Bohnen, Agitation als ästhetische Integration. Bemerkungen zur Theorie des modernen Dokumentartheaters, Sprachkunst 5 (1974), H. 1/2, S. 57–75.

Karl Heinz Bohrer, Die gefährdete Phantasie, oder Surrealismus und Terror, München 1970 (= Reihe Hanser 40).

Heinz Brüggemann, Literarische Technik und soziale Revolution. Versuche über das Verhältnis von Kunstproduktion, Marxismus und literarischer Tradition in den theoretischen Schriften Bertolt Brechts, Reinbek bei Hamburg 1973 (= das neue buch 33).

Peter Bürger, Theorie der Avantgarde, Frankfurt am Main 1974 (= edition suhrkamp 727).

Rolf-Peter Carl, Dokumentarisches Theater, in: Die deutsche Literatur der Gegenwart. Aspekte und Tendenzen, hg. von Manfred Durzak, Stuttgart 1971, S. 99–127.

Cesare Cases, Von Philemon bis Toller (und zurück), in: Werkbuch über Tankred Dorst, hg. von Horst Laube, Frankfurt am Main 1974 (= edition suhrkamp 713), S. 117–138.

Rémy Charbon, Die Naturwissenschaften im modernen deutschen Drama, Zürich und München 1974 (= Zürcher Beiträge zur deutschen Literatur- und Geistesgeschichte 41).

153

Götz Dahlmüller, Nachruf auf den dokumentarischen Film. Zur Dialektik von Realität und Fiktion, in: Dokumentarliteratur, hg. von Heinz Ludwig Arnold und Stephan Reinhardt, München 1973 (= Edition Text + Kritik), S. 67–78.

Gerd Dardas, Bürgerlich-humanistische und sozialistische dokumentarische Dramatik und Prosa der Bundesrepublik in den sechziger Jahren, Wissenschaftliche Zeitschrift der Humboldt-Universität zu Berlin. Gesellschafts- und Sprachwissenschaftliche Reihe 21 (1972), H. 2, S. 143–156.

Manfred Durzak, Dürrenmatt, Frisch, Weiss. Deutsches Drama der Gegenwart zwischen Kritik und Utopie, Stuttgart 1972.

Ulrich Engelmann, ›Prozeß in Nürnberg‹ von Rolf Schneider. Stoff, Genre, Stück, Theater der Zeit 22 (1967), H. 24, S. 27f.

August Everding, Demokratie ist Diskussion, Theater heute 9 (1968), H. 9, S. 1f.

Helga Gallas, Marxistische Literaturtheorie. Kontroversen im Bund proletarisch-revolutionärer Schriftsteller, Neuwied und Berlin 1971 (= Sammlung Luchterhand 19).

Heinz Geiger, Widerstand und Mitschuld. Zum deutschen Drama von Brecht bis Weiss, Düsseldorf 1973 (= Literatur in der Gesellschaft 9).

Lew Ginsburg, ›Selbstdarstellung‹ und Selbstentlarvung des Peter Weiss, in: Über Peter Weiss, hg. von Volker Canaris, Frankfurt am Main 1970 (= edition suhrkamp 408), S. 136–140.

Reinhold Grimm, Spiel und Wirklichkeit in einigen Revolutionsdramen, Basis 1 (1970), S. 49–93.

Jürgen Habermas, Technik und Wissenschaft als ›Ideologie‹, 5. Aufl. Frankfurt am Main 1971 (= edition suhrkamp 287).

Jürgen Habermas, Legitimationsprobleme im Spätkapitalismus, Frankfurt am Main 1973 (= edition suhrkamp 623).

Wolfgang Hädecke, Zur ›Ermittlung‹ von Peter Weiss, Neue Rundschau (1966), S. 165–169.

Jost Hermand, Wirklichkeit als Kunst. Pop, Dokumentation und Reportage, Basis 2 (1971), S. 33–52.

Walter Hinck, Von Brecht zu Handke. Deutsche Dramatik der sechziger Jahre, Universitas 24 (1969), S. 689–701.

Walter Hinck, Von der Parabel zum Straßentheater. Notizen zum Drama der Gegenwart, in: Gestaltungsgeschichte und Gesellschaftsgeschichte, hg. von Helmut Kreuzer, Stuttgart 1969, S. 583–603.

Walter Hinck, Das moderne Drama in Deutschland. Vom expressionistischen zum dokumentarischen Theater, Göttingen 1973.

Marjorie L. Hoover, Revolution und Ritual. Das deutsche Drama der sechziger Jahre, in: Revolte und Experiment. Die Literatur der sechziger Jahre in Ost und West. Fünftes Amherster Kolloquium zur modernen deutschen Literatur. 1971, hg. von Wolfgang Paulsen, Heidelberg 1972, S. 73–97.

Axel Hübler, Drama in der Vermittlung von Handlung, Sprache und Szene. Eine repräsentative Untersuchung an Theaterstücken der 50er und 60er Jahre, Bonn 1973 (= Abhandlungen zur Kunst-, Musik- und Literaturwissenschaft 140).

C. D. Innes, Erwin Piscator's Political Theatre. The development of modern German drama, Cambridge 1974.

Urs Jenny, In der Sache Oppenheimer. Uraufführung von Heinar Kipphardts Stück in Berlin und München, Theater heute 5 (1964), H. 11, S. 22–25.

Urs Jenny, Jede Menge Eulen für Athen, Akzente 13 (1966), S. 217–221.

Walter Jens, ›Die Ermittlung‹ in Westberlin, in: Über Peter Weiss, hg. von Volker Canaris, Frankfurt am Main 1970 (= edition suhrkamp 408), S. 92–96.

Joachim Kaiser, Kipphardt und die Fernsehverfremdung, Theater heute 6 (1965), H. 2, S. 44f.

Joachim Kaiser, Eine kleine Zukunft, Akzente 13 (1966), S. 212–216.

Joachim Kaiser, Bewährungsproben. Die zweiten Stücke von Hochhuth und Sperr, Der Monat 20 (1968), H. 232, S. 52–57.

Hellmuth Karasek, Die wahren Beweggründe, Akzente 13 (1966), S. 208–211.

Manfred Karnick, Peter Weiss' dramatische Collagen. Vom Traumspiel zur Agitation, in: G. Neumann, J. Schröder, M. Karnick, Dürrenmatt – Frisch – Weiss. Drei Entwürfe zum Drama der Gegenwart, München 1969, S. 115–162.

Marianne Kesting, Völkermord und Ästhetik. Zur Frage der sogenannten Dokumentarstücke, Neue deutsche Hefte 14 (1967), H. 1, S. 88–97.

Yousri Khamis, Der ›Popanz‹ zwischen Kairo/Bagdad/Damaskus, in: Peter Weiss, Gesang vom Lusitanischen Popanz. Mit Materialien, Frankfurt am Main 1974 (=edition suhrkamp 700), S. 101–108.

Friedrich Wolfgang Knellessen, Agitation auf der Bühne. Das politische Theater der Weimarer Republik, Emsdetten 1970.

Jan Knopf, Bertolt Brecht. Ein kritischer Forschungsbericht. Fragwürdiges in der Brecht-Forschung, Frankfurt am Main 1974 (= Fischer Athenäum Taschenbücher 2028).

Karel Kosík, Die Dialektik des Konkreten. Eine Studie zur Problematik des Menschen und der Welt, 7.–8. T. Frankfurt am Main 1971.

Herbert Kraft, Die Geschichtlichkeit literarischer Texte. Eine Theorie der Edition, Bebenhausen 1973.

Herbert Kraft, Das Schicksalsdrama. Interpretation und Kritik einer literarischen Reihe, Tübingen 1974 (= Untersuchungen zur deutschen Literaturgeschichte 11).

Mario Krüger u. a., Die Hochhuth-Welle. Dramaturgische Berichte über den ›Stellvertreter‹ von sieben Theatern, Theater heute 5 (1964), H. 4, S. 30–32.

Hans Kügler, Weg und Weglosigkeit. Neun Essays zur Geschichte der deutschen Literatur im zwanzigsten Jahrhundert, Heidenheim 1970.

Jurij M. Lotman, Vorlesungen zu einer strukturalen Poetik. Einführung, Theorie des Verses, hg. von Karl Eimermacher, München 1972 (= Theorie und Geschichte der Literatur und der schönen Künste 14).

Jurij M. Lotman, Die Struktur des künstlerischen Textes, hg. von Rainer Grübel, Frankfurt am Main 1973 (= edition suhrkamp 582).

Georg Lukács, Schriften zur Literatursoziologie, hg. von Peter Ludz, Neuwied 1961 (= Soziologische Texte 9).

Ernest Mandel, ›Trotzki im Exil‹, in: Über Peter Weiss, hg. von Volker Canaris, Frankfurt am Main 1970 (= edition suhrkamp 408).

Materialien zu Benjamins Thesen ›Über den Begriff der Geschichte‹. Beiträge und Interpretationen, hg. von Peter Bulthaup, Frankfurt am Main 1975 (= suhrkamp taschenbuch wissenschaft 121).

Hans Mayer, Dürrenmatt und Frisch. Anmerkungen, Pfullingen 1963.

Hans Mayer, Vereinzelt Niederschläge. Kritik – Polemik, Pfullingen 1973.

Reinhard Meier, Peter Weiss: Von der Exilsituation zum politischen Engagement, Diss. Zürich 1971.

Siegfried Melchinger, Rolf Hochhuth, Velber bei Hannover 1967 (= Friedrichs Dramatiker des Welttheaters 44).

Siegfried Melchinger, Geschichte des politischen Theaters, Velber 1971.

Peter Michelsen, Peter Weiss, in: Deutsche Dichter der Gegenwart. Ihr Leben und Werk, hg. von Benno von Wiese, Berlin 1973, S. 292–325.

Werner Mittenzwei, Revolution und Reform im westdeutschen Drama, in: Revolution und Literatur. Zum Verhältnis von Erbe, Revolution und Literatur, hg. von Werner Mittenzwei und Reinhard Weisbach, Frankfurt am Main 1972 (= Röderberg Taschenbuch 1), S. 459–521.

André Müller, Mode oder Methode? Bemerkungen zum dokumentarischen Theater, Theater der Zeit 22 (1967), H. 13, S. 27–29.

André Müller, Viet-Nam-Diskurs von Peter Weiss, Theater der Zeit 23 (1968), H. 9, S. 28f.

Fred Müller, Peter Weiss. Drei Dramen, München 1973 (= Interpretationen zum Deutschunterricht).

Michael Müller u. a., Autonomie der Kunst. Zur Genese und Kritik einer bürgerlichen Kategorie, Frankfurt am Main 1972 (= edition suhrkamp 592).

Walter Muschg, Hochhuth und Lessing, in: Rolf Hochhuth, Der Stellvertreter. Ein christliches Trauerspiel. Mit Essays von Karl Jaspers, Walter Muschg, Erwin Piscator, Reinbek bei Hamburg 1967 (= rororo 997), S. 296–298.

Manfred Nössig, Physik und Gesellschaft, Theater der Zeit 20 (1965), H. 11, S. 9–11.

G. Katrin Pallowski, Die dokumentarische Mode, in: Literaturwissenschaft und Sozialwissenschaften 1. Grundlagen und Modellanalysen, 2. Aufl. Stuttgart 1972, S. 235–314.

Ulrike Paul, Vom Geschichtsdrama zur politischen Diskussion. Über die Desintegration von Individuum und Geschichte bei Georg Büchner und Peter Weiss, München 1974.

R. C. Perry, Historical Authenticity and Dramatic Form. Hochhuth's ›Der Stellvertreter‹ and Weiss's ›Die Ermittlung‹, The Modern Language Review 64 (1969), S. 828–839.

Erwin Piscator, Das politische Theater, neubearbeitet von Felix Gasbarra, Reinbek bei Hamburg 1963 (= Rowohlt Paperback 11).

Erwin Piscator, Vorwort, in: Rolf Hochhuth, Der Stellvertreter. Schauspiel, Reinbek bei Hamburg 1963 (= Rowohlt Paperback 20), S. 7–11.

Bernhard Reich, Bemerkungen zum Dokumentartheater, Theater der Zeit 23 (1968), H. 24, S. 12–14.

Ursula Reinhold, Literatur und Politik bei Enzensberger, Weimarer Beiträge 17 (1971), H. 5, S. 94–113.

William H. Rey, Der Dichter und die Revolution. Zu Tankred Dorsts ›Toller‹, Basis 5 (1975), Frankfurt am Main 1975 (= suhrkamp taschenbuch 276), S. 166–194.

Henning Rischbieter, Spielformen des politischen Theaters, Theater heute 9 (1968), H. 4, S. 8–12.

Henning Rischbieter, Fragmente einer Revolution, Theater heute 9 (1968), H. 12, S. 9f.

Henning Rischbieter, Der Fall Hochhuth. Über sein Stück ›Guerillas‹ und die Stuttgarter Aufführung, Theater heute 11 (1970), H. 6, S. 14f.

Henning Rischbieter, Theater zwischen Sozial-Enquete, Agitation und Ideologiekritik, Theater heute 11 (1970), H. 7, S. 28–31.

Henning Rischbieter, Gesang vom lusitanischen Popanz, in: Über Peter Weiss, hg. von Volker Canaris, 2. Aufl. Frankfurt am Main 1971 (= edition suhrkamp 408), S. 97–105.

Henning Rischbieter, Peter Weiss, 2. Aufl. Velber bei Hannover 1974 (= Friedrichs Dramatiker des Welttheaters 45).

Günther Rühle, Das dokumentarische Drama und die deutsche Gesellschaft, in: Deutsche Akademie für Sprache und Dichtung. Jahrbuch 1966, Heidelberg/Darmstadt 1967, S. 39–73.

Günther Rühle, Literatur, Abenteuer und Republik, in: Werkbuch über Tankred Dorst, hg. von Horst Laube, Frankfurt am Main 1974 (= edition suhrkamp 713), S. 90–94.

Erika Salloch, Peter Weiss' ›Die Ermittlung‹. Zur Struktur des Dokumentartheaters, Frankfurt/M. 1972.

Volkmar Sander, Die Faszination des Bösen. Zur Wandlung des Menschenbildes in der modernen Literatur, Göttingen 1968.

Erasmus Schöfer, Hinweise zu einer notwendigen ›Ermittlung‹, Wirkendes Wort 16 (1966), S. 57–62.

Hans Joachim Schrimpf, Die Schaubühne als eine moralische Anstalt betrachtet. Zum politisch engagierten Theater im 20. Jahrhundert: Piscator, Brecht, Hochhuth, in: Untersuchungen zur Literatur als Geschichte. Festschrift für Benno von Wiese, hg. von Vincent J. Günther u. a., Berlin 1973, S. 559–578.

Ernst Schumacher, Drama und Geschichte. Bertolt Brechts ›Leben des Galilei‹ und andere Stücke, Berlin 1965.

Egon Schwarz, Rolf Hochhuth's ›The Representative‹, The Germanic Review 39 (1964), S. 211–230.

Wolfgang Schwiedrzik u. Peter Stein, Demokratie ist auch Aktion, Theater heute 9 (1968), H. 9, S. 2f.

Bernd W. Seiler, Exaktheit als ästhetische Kategorie. Zur Rezeption des historischen Dramas der Gegenwart, Poetica 5 (1972), S. 388–433.

Gideon Shunami, The Mechanism of Revolution in the Documentary Theater. A Study of the Play ›Trotzki im Exil‹ by Peter Weiss, The German Quarterly 44 (1971), S. 503–518.

Susan Sontag, Kunst und Antikunst. 24 literarische Analysen, Reinbek bei Hamburg 1969 (= Rowohlt Paperback 69).

The Storm over ›The Deputy‹. Essays and Articles about Hochhuth's Explosive Drama, ed. by Eric Bentley, New York 1964.

Der Streit um Hochhuths ›Stellvertreter‹, Basel/Stuttgart 1963 (= Theater unserer Zeit 5).

Summa iniuria oder Durfte der Papst schweigen? Hochhuths ›Stellvertreter‹ in der öffentlichen Kritik, hg. von Fritz J. Raddatz, Reinbek bei Hamburg 1963 (= rororo aktuell 591).

Peter Szondi, Theorie des modernen Dramas, Frankfurt am Main 1966 (= edition suhrkamp 27).

Rainer Taëni, Drama nach Brecht. Möglichkeiten heutiger Dramatik, Basel 1968 (= Theater unserer Zeit 9).

Rainer Taëni, Die Rolle des ›Dichters‹ in der revolutionären Politik. Über ›Toller‹ von Tankred Dorst, Akzente 15 (1968), S. 493–510.

Christian W. Thomsen, Die Verantwortung des Naturwissenschaftlers in Mary Shelleys ›Frankenstein‹ und Heinar Kipphardts ›In der Sache J. Robert Oppenheimer‹. Zur literarischen Gestaltung eines Problems, Literatur in Wissenschaft und Unterricht 4 (1971), S. 16–26.

Brigitte Thurm, Gesellschaftliche Relevanz und künstlerische Subjektivität. Zur Subjekt-Objekt-Problematik in den Dramen von Peter Weiss, Weimarer Beiträge 15 (1969), S. 1091–1102.

Heinrich Vormweg, Die Wörter und die Welt. Über neue Literatur, Neuwied und Berlin 1968.

Bernd Jürgen Warneken, Kritik am ›Viet Nam Diskurs‹, in: Über Peter Weiss, hg. von Volker Canaris, Frankfurt am Main 1970 (= edition suhrkamp 408), S. 112–130.

Gerhard Weiss, Rolf Hochhuth, in: Deutsche Dichter der Gegenwart. Ihr Leben und Werk, hg. von Benno von Wiese, Berlin 1973, S. 619–631.

Manfred Wekwerth, Notate. Über die Arbeit des Berliner Ensembles 1956–1966, Frankfurt am Main 1967 (= edition suhrkamp 219).

Ernst Wendt, Was da kommt, was schon ist: Gatti zum Beispiel, Akzente 13 (1966), S. 222–227.

Ernst Wendt, Moderne Dramaturgie, Frankfurt am Main 1974 (= suhrkamp taschenbuch 149).

Ruben Yánez, Die Aufführung des ›Gesangs vom Lusitanischen Popanz‹ in Uruguay, in: Peter Weiss, Gesang vom Lusitanischen Popanz. Mit Materialien, Frankfurt am Main 1974 (= edition suhrkamp 700), S. 109–120.

Rolf Christian Zimmermann, Hochhuths ›Stellvertreter‹ und die Tradition polemischer Literatur, in: Der Streit um Hochhuths ›Stellvertreter‹, Basel/Stuttgart 1963 (= Theater unserer Zeit 5), S. 137–169.

Jack D. Zipes, Documentary Drama in Germany: Mending the Circuit, The Germanic Review 42 (1967), S. 49–62.

Jack D. Zipes, Das dokumentarische Drama, in: Tendenzen der deutschen Literatur seit 1945, hg. von Thomas Koebner, Stuttgart 1971 (= Kröners Taschenausgabe 405).